Manfred Sack
Timm Rautert

einfache Paradiese

Holzhäuser von heute

Manfred Sack
Timm Rautert

# einfache Paradiese

Holzhäuser von heute

Deutsche Verlags-Anstalt
Stuttgart

Cip-Kurztitelaufnahme der Deutschen Bibliothek

Sack, Manfred:
Einfache Paradiese    Holzhäuser von heute
Manfred Sack    Timm Rautert. – Stuttgart :
Deutsche Verlags-Anstalt, 1985.
ISBN 3-421-02834-6

NE: Rautert,Timm

Gestaltung: Otl Aicher, Rotis

Lektorat: Nora von Mühlendahl
Reproduktion: E. Schreiber, Stuttgart
Satz: Wagner GmbH, Nördlingen
Druck: Georg Appl, Wemding
Bindearbeit: Monheim GmbH, Monheim
Printed in Germany

**Inhalt**  Vernunft und Phantasie  6

## Vernunft und Phantasie

Der Blick auf all die gebauten Irrtümer ringsum und die unbeantwortete Frage, wie es denn anders, besser weitergehen könnte, brachte den Architekten und Konstrukteur Frei Otto auf einen ungewöhnlichen Einfall: Vielleicht ließe sich erfahren, welche Häuser die Sehnsucht baut, solange sie noch unverbildet ist. »Wie«, so hatte der Stuttgarter Professor, der sich in seinem Universitäts-Institut mit der Erforschung »leichter Flächentragwerke« beschäftigt, 1979 die Kinder der Welt gefragt, »sollten Häuser und Städte sein, damit Menschen in der Zukunft in Einklang mit der Natur wohnen, arbeiten und leben können?« Ihn erreichten an die sechshundert Antworten. Sie kamen tatsächlich aus aller Welt, aus Osten wie aus Westen, und nicht wenige enthielten Vorschläge wie den, »daß man einen Baum baut, der gleichzeitig ein Haus ist« (nicht zuletzt deswegen, »weil darin auch die Vögel nisten können«). Ein Junge schrieb neben den Buntstift-Entwurf seines Baumhauses die für einen Vierzehnjährigen recht genaue Beobachtung: »In einem Baumhaus zu leben, ist der Traum vieler Menschen.«

Ihn träumen aber nicht nur erstaunlich viele Kinder in Jugoslawien und Polen, im Iran und in der Sowjetunion, in den Vereinigten Staaten, in der Bundesrepublik und sonstwo, es träumen ihn auch Erwachsene allüberall mit dem Vorzug, ihn in die Tat umsetzen zu können, sobald eine Gelegenheit sie dazu ermuntert – so im Flörsheimer Wald, wo sie sich, um ihren Protest gegen den Bau der Frankfurter Startbahn West am Flughafen auch nachts und bei Regen nicht unterbrechen zu müssen, ein Hüttendorf gezimmert hatten. Es verkörperte zugleich ihre Philosophie, die den Frieden mit der Natur, hier vor allem mit dem Wald, schließen will.

Der Frankfurter Architekt Günter Bock sah darin eine »Architektur in einem höheren Sinne«, also wohl eine andere, als seinesgleichen meistens hervorzubringen pflegt, ob ehrgeizig, blind, berechnend, unterwürfig oder naiv. In meinen Augen war es eine traumhafte diesseitige Architektur, herausgefordert in einer Sternstunde. Wenigstens drei Anlässe hatte es dafür gegeben: den Widerstand gegen die platzverschwenderische, Lärm und Auspuffgase erzeugende Betonbahn ebenso wie den Widerwillen gegen das ausufernde, verbrauchslüsterne moderne Leben überhaupt; es war aber auch die stille Sehnsucht nach dem verlorenen Garten Eden, die sich hier ein Gegenbild schuf – mit Hütten aus Holz, mit Baumhäusern.

Lebendig gebliebene Kindheit – die Technik hat die Naivität nicht umbringen können, die Vernunft nicht und auch nicht die Kreativität. Das Hüttendorf im Flörsheimer Wald war, viel eindringlicher noch als die

naiv-phantastischen Hüttenbaukunstwerke in Kalifornien, ein Garten der Poesie, und er hätte nirgendwo anders entstehen können als in einem Wald, als unter, zwischen und hoch oben in den Bäumen – nicht unähnlich den versonnenen Kompositionen der Kinder, auch nicht ganz so komfortabel wie eine Holzhäusergruppe, die ein Zeichner für den Katalog der Ausstellung »Maisons de Bois« vom Centre Pompidou in das knorrige Astwerk einer gewaltigen Eiche komponiert hat. Man erkennt daran eine Lust, in den Schoß zurückzukehren, sich zu verkriechen – das (Holz-)Haus kehrt heim in den Baum, der Mensch kuschelt sich an den Busen der *alma mater Natur.* Damit verglichen, sind die Hochsitze von viel einfacherer Bedeutung: für den Jäger Versteck und Ausguck, für herumstromernde Kinder verbotene

Ziele herzklopfender Klettereien, die den zauberhaften Blick von oben auf die Welt eröffnen.

Die seltsame Symbiose aber, die das alte Baumaterial Holz mit dem Gemüt heutzutage so innig verbindet, ist denn auch erst durch die Industrialisierung, durch Bezwingung und Ausbeutung der Natur möglich geworden, Ergebnis eines Reflexes also, wie ihn der Frankfurter Flugplatz und all die verwandten Anstrengungen deutlich machen, das Leben mit Hilfe von Wissenschaft und Technik bequemer, schlüpfiger, schneller, gleicher, kühler zu machen. Man braucht nur im Bau-Schimpfwörterbuch der Gegenwart zu blättern, um das Bedürfnis nach dem anderen, nach der lange Zeit vergessen gewesenen Alternative zu begreifen. Auf die Betonklötze, -kisten und -kolosse, auf Schlafstadt und Betonwüste, Verdichtung, Schnellverkehr, grüne Witwe und andere bösartige Segensreichtümer folgt nun das Verlangen nach einer neuen Einfachheit, nach dem möglichst Natürlichen (wie unnatürlich seine Beschaffenheit auch geworden ist), nach dem Reinen, Ungiftigen, Gesunden, Selbstgestrickten – aber auch wieder nach Bescheidenheit, Genügsamkeit, Vorsicht und

Baumhäuser, Zeichnungen von Amela Dantivoc und Elisabeth Klotz für den internationalen Jugendwettbewerb »Natur und Bauen«, 1979 veranstaltet vom Institut für leichte Flächentragwerke der Universität Stuttgart.

Vernünftigkeit, kurzum, nach einer neuen Moral. Viel einfacher: Holz statt Beton. Bio- wurde zum beliebten Präfix, grün zum demonstrativ gebrauchten Adjektiv und zugleich zu einem politischen Programm. Der Baustoff Holz, obwohl schon von den Urhüttenbauern gebraucht und seiner vielen physikalischen, technischen und wirtschaftlichen, seiner physiologischen und ästhetischen Vorzüge wegen massenhaft verwendet, gegen Mitte des vergangenen Jahrhunderts aus dem Gebrauch gekommen, von Ziegel, Beton und Stahl nahezu vollständig verdrängt – das Holz wird seit ein paar Jahren wiederentdeckt.

Ein natürliches Material? Gewiß, schreibt Stefan Polónyi, wenngleich diese Klassifizierung nichtssagend sei. »Alle Materialien einschließlich der Kunststoffe«, erläutert er, »sind Naturprodukte, die aus Stoffen hergestellt werden, welche in der Natur vorkommen.« Seien denn, fragt er, Sand und Kies, mit Zementleim verbunden, weniger Naturprodukt als Bretter, die mit Kunstharzen zusammen-»geleimt« sind? Und sei denn der unter hohen Temperaturen aus Eisenerz gewonnene Stahl unnatürlicher als der aus Ton gebrannte Ziegel? Nein, sagt er und rät dazu, dann schon lieber von traditionellen und modernen Baustoffen zu sprechen. Vermutlich weiß er, daß niemand sich daran halten wird, daß die Aureole des Holzes alles überstrahlt und seine Propagandisten für Parolen wie diese immer Applaus bekommen werden: »Holz – das Natürliche, das Schöne, das Einmalige, das Beständige.« Das ist so, selbst wenn gegen jede dieser Behauptungen Widerspruch möglich ist. Denn wie wir erfahren haben, sind auch Ziegel »natürlich«, selbst Stahl, sogar Beton. »Einmalig« ist Holz, da es doch unaufhaltsam nachwächst, wenn man es nur läßt und pflegt, überhaupt nicht. Als »schön« empfinden andere Menschen mitunter etwas ganz anderes, und an »Beständigkeit« sind dem Holz andere Materialien ebenbürtig, wenn nicht überlegen, es sei denn, die Behauptung des beinahe Ewigen stützte sich auf den Reichtum, in dem es vorkommt und sich erneuert.

Holz ist trotz alledem besser, weil die Menschen wollen, daß es besser sei. Es provoziert den konstruierenden Verstand, es bereitet, trefflich verarbeitet, ästhetische Wonnen, es berührt die Seele, und es rührt das Gemüt. Unbeschadet aller Katastrophen-Nachrichten aus den sterbenden Wäldern Europas meldeten Mitte der achtziger Jahre Holzhändler und Zimmerer (und die Tischler wie die Möbelfabrikanten) eine »überproportionale Nachfrage«. Häuser aus Holz sind so populär wie seit über hundert Jahren nicht mehr. Und nicht weniger wichtig ist: Architekten erkennen darin wieder ein Thema der Gegenwart! Eben noch eine Angelegenheit für Heimattümler, verträumte Moderne und kaliftorniensüchtige Zivilisationsflüchtlinge, wird es endlich wieder ernst genommen. Architekten kommen beim Entwerfen von Holzhäusern nicht mehr ins Jodeln, wenn sie sich an die regionalen Usancen zu halten versuchen, sondern probieren die Synthese der Moderne mit dem Holz. Nicht nur wird mit verständlicher Beflissenheit der »Architekturpreis Holz« von der an Fertigung und Verbrauch interessierten Wirtschaft vergeben. Gebäude aus Holz erringen längst die Preise höchsten Ansehens – den Deutschen Architekturpreis etwa, den Mies-van-der-Rohe-Preis, Auszeichnungen des Bundes Deutscher Architekten und verwandter Vereinigungen. Selbst der Gesetzgeber hat begonnen, sein Vorurteil von der besonderen Gefährlichkeit und Vergänglichkeit des Holzes zu revidieren und Bauten zuzulassen, die höher als zwei Stockwerke aufragen. Um endlich die Legende vom lichterloh brennenden Holz zu lösen und die Behörden wie den Interessenten-Clan der DIN-Erfinder zu bekehren, hatte die Schweizer Holzbranche schon im Jahre 1936 ein seltsames Schauspiel inszeniert. Sie errichtete auf der Zürcher Allmend ein zweistöckiges Haus mit sechzehn Zimmern und einem Dachgeschoß und zündete es an, innen und außen. Obendrein ließ sie Brandbomben darauf abwerfen – nur um zu beweisen, daß der Gesetzgeber Holzgebäude viel zu engherzig behandelt, Banken und Versicherungen aber diskriminierend damit umgehen. Es war ja in Wahrheit nicht die tatsächliche Anfälligkeit des Holzes, die dazu geführt hatte, sondern die von der konkurrierenden Baustoffindustrie genährte Behauptung dessen. Und natürlich spielte auch das gesellschaftliche Ansehen eine Rolle, das Bild, das die Allgemeinheit vom Holz hat(te): Aus Holz waren die Scheunen und Schuppen sowie die Häuser der einfachen Leute. Der Adel, die Kirche, das Großbürgertum hingegen bauten ihre Häuser, Paläste und Kirchen aus Stein, den sie bisweilen von weither holen ließen: Granit aus Finnland, Marmor aus Italien. Um da mitzuhalten, machten die Bürger sich daran, ihre Fachwerkhäuser zu verputzen und ihnen wenigstens den Anschein von Stein zu geben – Anlaß wiederum für reinlichkeitsbeflissene Denkmalpfleger heute, den Putz abzuklopfen, um an die sichtbare Konstruktion, aber auch um an die Gemütswerte der Stützen, Balken, Streben heranzukommen. Seinen Armeleutegeruch hatte der Holzbau nicht zuletzt von den Baracken und seinen Bewohnern bekommen, den Söldnern, Bettlern, Obdachlosen, Flüchtlingen und ausländischen Arbeitern. »Barackenklima« gehört noch heute ins Vokabular der Fachleute als etwas, das es nach Kräften zu vermeiden gilt: schnell ausgekühlte Räume im Winter, heiße, stickige Luft im Sommer.

Selbstverständlich hat es immer Vorlieben für bestimmte, möglichst neue Baustoffe gegeben, besonders dann, wenn ihr Gebrauch den Anschein von

Baumhäuser aus dem Hüttendorf im Flörsheimer Wald bei Frankfurt am Main.

Kühnheit, Wohlhabenheit und Modernität hervorrief und die Gelegenheit sich bot für bestimmte sich daraus entwickelnde »Stile« und Baumoden. So war durch den Kristallpalast, den der vom Gärtner zum Architekten gewordene Engländer Sir Joseph Paxton für die Weltausstellung 1851 in London entworfen hatte, das Eisen zum bevorzugten (dann aber doch wieder schamhaft mit Naturstein verbrämten) Material geworden und hatte die Architektur der Gewächshäuser, der Bahnhofs- und Markthallen und der Passagen nach sich gezogen. Und so schwärmte man auch, nachdem der französisch-schweizerische Architekt Le Corbusier mit seinen plastischen weißen Häusern, sein Landsmann Robert Maillart mit seinen mutig-eleganten Brücken Bewunderung hervorgerufen hatten, sechzig Jahre lang und mit wachsender Gewohnheit für den Beton, ein wunderbar gefügiges, für abenteuerliche Spannweiten und atemberaubende Architekturen taugendes, alsbald von mittelmäßigen Talenten gedankenlos verpanschtes und in Verruf gebrachtes Material. Seit gut fünfzig Jahren ist man auch auf Stahl eingeschworen, einen sehr stabilen, äußerst elegant verwendbaren Baustoff, der schließlich zur Skelettkonstruktion führte, den Wolkenkratzer möglich machte und stilbildende Architekten wie Auguste Perret und Ludwig Mies van der Rohe inspirierte.

So wird aber auch seit gut anderthalb Jahrhunderten mit einer Rücksichtslosigkeit ohnegleichen gegen die Natur und letztlich gegen den Menschen gebaut, daß nun das Fortschrittspendel krachend zurückgewuchtet wird. Zuerst entlud sich der Überdruß an der »kalten«, schmucklosen Architektur im Europäischen Denkmalschutzjahr 1975. Die Geschichte wurde zum Traumland, das man verloren hat und dessen Überbleibsel man nun mit sentimentaler Verbitterung zu erhalten trachtet, koste es, was es wolle. Zur gleichen Zeit begannen viele Architekten aber auch, sich wieder für den von der Moderne ignorierten Baustoff Holz zu erwärmen.

Unter den nicht besonders vielen Holzhäusern, die unter das Rubrum des Neuen Bauens gehören, findet man das Blockhaus, das Walter Gropius und Adolf Meyer für den Holzgroßhändler Adolf Sommerfeld 1921 in Berlin-Dahlem errichtet hatten, ein eigenartiges dekoratives Bauwerk, aber auch das Boots- und Badehaus Eichmann, das Clemens Holzmeister 1928 bei Seewalchen im Attersee gebaut hat, ein kubisch fein gegliedertes Gebäude auf Stelzen. Und man muß das schöne Holzhaus nennen, das Richard Neutra der unvermögenden Familie McIntosh 1937 in Kalifornien entworfen hat (siehe Seite 13).

Dafür, daß das Holz weit über hundert Jahre lang aus dem Bau-Alltag so gut wie verschwunden war, gibt es neben dem ramponierten gesellschaftlichen Prestige

Links:
A. Bonnema: Wohnhausgruppen in Alkmaar/Niederlande, 1978.
Unten:
Meinhard von Gerkan: Haus in Hamburg-Blankenese, 1981.
Georg Dittrich: Häusergruppe, um einen Gemeinschaftsraum geschart, in Seifen, 1981.

und dem von der Industrie geschürten Mißtrauen gegen seine Beständigkeit und Sicherheit allerlei Gründe: Die Legislative dachte, als sie ihre Beschränkungen für das Bauen mit Holz entwarf, meist an Beton. An den Hochschulen wurde das Entwerfen und Konstruieren mit Holz gar nicht oder nur nebenbei und oft mangelhaft gelehrt. Bauherren waren des Materials entwöhnt und der Meinung, Holz brenne leicht, faule rasch, werde von Würmern, Käfern, Ameisen angefressen. Also hielten sie sich an vorgeblich solidere Materialien, und wie den dumpfen Schlag der Autotür schwerer Wagen liebten sie den stumpfen, klanglosen Ton, wenn sie mit dem Zeigefingerknöchel an die Wände klopfen. »Kalter« Stahl und »kalter« Stein rufen in ihnen den Eindruck von Festigkeit und Solidität hervor, das »warme« Holz indessen weckt in ihnen den Verdacht allzu schneller Vergänglichkeit, von Ärmlichkeit und Risiko. Freilich nur beim Haus; hingegen schwärmen sie von Automobilen, deren Lenkräder noch aus Holz und deren Armaturenbretter mit feinsten Furnieren ausgeschlagen sind und die Freude am erlesenen Besitz steigern. Die englische Firma zum Beispiel, die den »Jaguar« herstellt, zählt das Holz ganz selbstverständlich zu den edlen Materialien wie Silber und anderes »Echte«. »Wenn Sie sehen, daß bei einigen Modellen ein dünnes Buchenholz-*Inlay* in das Tür-Paneel eingelassen ist, können Sie sicher sein: Es ist echtes Edelholz.« Und sie preist weiter: »Walnuß. Der richtige Rahmen für hochwertige Armaturen.« Alles andere, Kunststoff zum Beispiel, das Holz oder Leder nur vortäuscht, wäre »undenkbar für den Status« (eines solchen Automobils). Das Behagen, seinen Augen einen schönen Anblick zu bereiten, ist mitunter größer als die Furcht, bei einem Unfall das Opfer von splitterndem Holz zu werden. Verkündet nicht schon die Weisheit der Urgroßmütter, vornehm gehe die Welt zugrunde?

Jedoch das ändert sich nun, wenn auch nur allmäh-

lich. Es kommt Abwechslung in unsere Umwelt. Die interessanteren unter den – meist jungen – Architekten zeichnen nicht an kauzigen Hütten für Stadtverächter und Zivilisationsausreißer, sondern entwerfen ganz korrekte, »normale« Gebäude. Die zeitgemäßen Versionen, in denen sich das Haus aus Holz nicht mehr nur in Skandinavien, nicht nur in den Niederlanden oder in den Vereinigten Staaten von Amerika, sondern auch im deutschsprachigen Gebiet zeigt, ist durchweg einfach, aber nicht primitiv, nicht einmal dort, wo man auf den Pfennig sieht. Diese Häuser sind mit großer Sparsamkeit gebaut, aber nicht armselig. Die Gestalt, die sie annehmen, ist überraschend traditionell, aber nicht ein bißchen kitschig, nicht anbiedernd heimatlich und heimelig, nicht verlogen. Obwohl ihre Architekten sich oft von regionalen Usancen anregen lassen, verirren sie sich nicht in der Folklore.

Die besten Architekten haben etwas zustande gebracht, das sich scheinbar widerspricht: Sachlichkeit und Poesie. Man kann es auch bildlich umschreiben: Sie konstruieren schöne Gedichte, deren Versmaß, deren strenger oder freier Reim, deren Zeilenfall keine Schlamperei duldet. Was diese neue Generation von Holzhäusern so aufregend macht, ist ihre phantasievolle Geometrie, ist eine dennoch gelassene, nicht selten anmutige Architektur, der zusammen mit dem »warmen Holz« etwas schon verloren Geglaubtes glückt: Sympathie zu wecken. Die erstrebte Beziehung zur Umgebung – in der Natur, im Dorf, in der Stadt, am Stadtrand – hat genau das Maß an Distanz, das die regionalen Anklänge erträglich, mehr: überzeugend macht. Es ist eindeutig das Bemühen, den Überall-Stil, den die moderne Architektur nahezulegen schien, zu überwinden und sich statt dessen örtlicher Gepflogenheiten, Eigenarten des Bauens zu erinnern, ohne sie bloß zu imitieren. Der vielbeschworene Genius loci wird – nein, nicht dingfest gemacht und platitüdenreich herbeigequält, sondern erfüllt. Es scheint, als befänden wir uns mit dem Thema des Holzhauses auf einem spannungsreichen Gebiet zwischen Träumerei und Vernünftigkeit.

Vermutlich sind es die der Moderne abgesehen, nach wie vor wohltuende Strenge und Einfachheit, die das Material und sein konstruktiver Gebrauch nahelegen, und die Erinnerung an die gliedernde Hilfe der Geometrie. Muß man nicht an die großartige, in ihrer Essenz immer gültigen Lehre des Funktionalismus denken, der zufolge die Schönheit »die Schönheit der Sache selbst« zu sein habe? »Man kann unter Sachlichkeit etwas sehr Banales verstehen«, schrieb der Architekturkritiker und -theoretiker Adolf Behne in den zwanziger Jahren, »bürgerliche Richtigkeit, engen Utilitarismus, erste beste Zweckerfüllung, und es begehen eben jene solchen Irrtum, die als das Gegengewicht das Phantastische bringen, damit ihrer Meinung nach die

Kunst nicht zu kurz komme. Aber Sachlichkeit ist nicht Hemmnis der Phantasie, sondern ihr Ansporn.« Nicht ganz zufällig gilt für die meisten hervorragenden Holzhäuser unserer Tage derselbe Lobpreis wie für die besten Gebäude aus der überaus fruchtbaren, nicht reichen Zeit zwischen den Weltkriegen: Es ist »die sachliche, knappe, konzise Gestalt«, nicht die gemütliche, geschwätzige.

Was damit gemeint ist, wird, denke ich, nirgendwo so eindrucksvoll, so einleuchtend, so überzeugend vor Augen geführt wie im ländlichen Paradies der Schuppen und der Scheunen. Ich erinnere mich gut, wo es mir zum erstenmal aufgefallen ist. Es war auf einer Wanderung rund um den Vierwaldstätter See. Die Wolken hingen tief, die Luft war regenschwer, die Sicht ganz klar, die Farben leuchteten. Ich kam an einem halben Dutzend oder mehr Scheunen vorüber. Vielleicht war es das Wetter, vielleicht das eigenartig intensive Licht, vielleicht das saftstrotzende Grün der Wiesen: Auf einmal blieb mein Blick an den Scheunen hängen. Zum erstenmal sah ich sie mir an. Den Zufall genießend, fiel mir ihre »Architektur« auf. Nein, überhaupt nichts Besonderes daran: große quaderförmige Körper mit Satteldächern darauf. Aber schon die Plazierung der wenigen Fenster; die Art, wie das Dach auf die Wände trifft, sein Neigungswinkel, die Stützen, der Einschnitt der Tore und der Nebentüren, diese kunstvolle Gewöhnlichkeit – das machte mich stutzen. Ich ließ mich von den Maßen faszinieren, von den Verhältnissen der Maße zueinander, von der Maßstäblichkeit, vom Sitz der Scheunen in der bewegten, leicht zum See hin abfallenden Topographie: Proportionen in Vollendung. Sicherlich könnte man diese Gebrauchsbauwerke anders entwerfen, aber es dürfte schwerfallen, noch vollendetere Formen zu finden.

Sie entstanden übrigens nicht auf Reißbrettern von Architekten, sie sind von Zimmerleuten gebaut wor-

Bauernhof und Scheunen am Vierwaldstätter See (Mitte) und bei St. Gallen.

Oben: Schrebergärten in Hamburg
einst und heute.

Rechts:
Peter Seifert: Badkap in Albstadt,
1980.
Peter Seifert: Badria in Wasserburg
am Inn, 1977.

den, von Handwerkern, die sich vermutlich niemals theoretischen Erörterungen ihrer Arbeit hingegeben haben. Ihre Baukunst war ihnen unbewußt. Einzige Quelle war die Überlieferung der Fertigkeiten, entwickelt und erfahren in vielen Generationen. Diese Scheunen-Zimmerleute »wußten, wie man's macht«, ohne sich ihr Metier intellektuell erst aneignen zu müssen – ganz anders als die Hüttenbauer beispielsweise, die ihr Wesen in den Schrebergärten der Nachkriegszeit getrieben haben. Das waren nicht Handwerker, die »es in den Fingerspitzen haben«, sondern Architekten von mäßigem Talent, deren Phantasie obendrein vom Aufruf zur Sparsamkeit und Einfachheit gelähmt wurde: von unsäglicher Primitivität die »Architektur« dieser Gärtnerhütten, von gräßlicher Eintönigkeit das städtebauliche Reglement ihrer Plazierung. Jeder Anschein von Unordnung wurde ausgemerzt, diese Häuschen stehen, reihenweise nach Typen geordnet, stramm aneinandergeschichtet wie Soldaten. Sehnsüchtig wandern da vieler Leute Blicke auf das anarchische Treiben alter, veralteter, vertrottelt scheinender, in Wahrheit mit überschäumender Phantasie und Gestaltungslust gebauter, umgebauter, verbauter, veränderter, ergänzter, geschmückter, bunt bemalter Hütten. Lauter geliebte Schnurren, in denen die Städter die Uniformität des Alltags abwarfen und ihre Persönlichkeit ausprobierten. Holz, merkte man, ist ein geduldiges Material – und es kann, mit so unbekümmertem Schöpferdrang behandelt, tausend Gestalten annehmen.

Es waren wohl auch diese lange Zeit verächtlich gemachten Kleinbürger-Idyllen, die dem Ruf des Baumaterials Holz bei den Häuserbauern zugesetzt haben. Unzweifelhaft hatte es an Seriosität verloren. Nur die Innenarchitekten hatten noch Umgang mit Holz. Und je mehr es außen vermieden wurde, desto intensiver kam es in Innenräumen zu Ehren. Es wurde modern, Zimmer mit Holz auszukleiden – die Wohnzimmer repräsentativ (und dunkel) getäfelt, die Spitzdächer unprätentiös (und hell) verbrettert.

Wie seltsam auch: Neuerlich für die Architektur entdeckt wurde das Holz aber nicht von den Architekten, sondern von den Bauingenieuren. Sie hatten nicht vergessen, daß Holz so stark ist, nein, so stark gemacht werden kann, daß sich damit riesige Spannweiten überwölben lassen. Im Hallenbau sind mächtige Holzkonstruktionen mit Leimbindern und Stahlblechknoten beinahe konkurrenzlos und preiswert. Mittlerweile freilich ist es nicht mehr nur üblich, Holz für Industrie-, Lager- und Fabrikationshallen zu verwenden. Heute werden Festhallen (wie in Baumhain) und Museen (wie im Eifelstädtchen Kommern), Universitätsmensen (wie in Würzburg, Bayreuth, Darmstadt) und weit schwingende Sporthallen (wie in St. Blasien oder Gräfelfing), Bahnhofshallen (wie in Fellbach), aber auch Kindergärten

und Schulen aus Holz konstruiert, nicht zu vergessen die temperamentvoll-heiteren Freizeitbäder, mit denen sich der Münchner Architekt Peter Seifert einen Namen gemacht hat. Diese raumgenießerischen Bäder, für die mit großem Eifer so originelle vieldeutige Namen wie Wellenberg und Trimini, Badkap und Badria gefunden wurden, sind weder »Schwimmopern« noch »Badepaläste«, sondern lichtdurchflutete, transparente Hallen, geradezu zärtlich in die Landschaft gefügt, Inseln des Vergnügens, errichtet aus dem gewöhnlichsten aller für den Bau gebrauchten Hölzer, aus Fichtenholz. Zwar wurde es, wie es die Vorschriften wollen, gegen Feuer, Fäulnis und Insekten imprägniert, aber sonst blieb es unbehandelt, hier und da ist es nicht einmal glattgehobelt worden. In diesen Freizeitbädern ist nichts zuviel, und das hat nur den einen Grund: Die Konstruktion selber ist das Maß gebende Mittel und die Gestalt, die Architektur. Keine Lüge ist darin möglich. Solche Gebäude sind vollständig ablesbar – ein Wort, das in diesem Metier mit besonderem Eifer gebraucht wird.

Dann und wann geschieht es auch, daß Architek-

Andrea Palladio: Brücke über die Brenta in Bassano del Grappa aus dem Jahre 1569.

Rechts:
Carlfried Mutschler: Multihalle in Mannheim, 1975, konstruiert von Frei Otto.
Kurt Ackermann: Eissporthalle in München, 1984, Ingenieur Jörg Schlaich.

ten sogar wieder Brücken aus Holz konstruieren, so wie weiland Andrea Palladio in Bassano del Grappa. Doch es gibt auch so hochdramatische Gebilde wie die Multihalle in Mannheim, eine gewaltig ausladende, aus Kistenholz montierte, mit einer transparenten Kunststoffhaut bezogene »Gitterschale«, an der sich erkennen läßt, welche geradezu phantastischen Möglichkeiten dem Holzbau innewohnen. Von oben betrachtet, lagert die Multihalle – so genannt, weil darin vielerlei vonstatten gehen kann – wie eine dicke Schlange mit der Beute im Bauch da. Auf der Haut spiegelt sich matt die Sonne, glitzert frisch der Regen. Aber erst im lichten Innern enthüllt sich einem das komplizierteste einfache Dach der Welt. Es ist das Ergebnis der Zusammenarbeit von hochmodernen Elektronenrechnern und gestandenen Handwerkern.

Die ganze Halle besteht nur aus ihrem Dach, einem Dach aus Sparren, die, aneinandergereiht, eine 72 Kilometer lange Latte mit dem Querschnitt von fünf mal fünf Zentimetern ergäben. Sie kamen in Stapeln, jedes Lattenstück mit einer Nummer versehen, die ihren geodätisch genau berechneten Punkt »über dem Meeresspiegel« nannte. Aus diesen Dachsparren wurde ein Netz mit 34 000 Knoten gefertigt, eine Lage längs, eine Lage quer, mit Bolzen und Federscheiben beweglich zusammengeschraubt, jede Masche dieses Holznetzes fünfzig mal fünfzig Zentimeter groß. Dann wurde das am Boden ausgebreitete Netz mit Hubstaplern langsam so in die Höhe gehievt, daß jeder Knoten die genau berechnete Stelle erreichte, und dann festgeschraubt. Die »im Prinzip« so einfache Konstruktion hat die neuesten Computer mit den damals größten

Programmspeichern und die empfindlichsten optischen Meßinstrumente erforderlich gemacht.

Wenn man den Konstrukteur der Halle, den Stuttgarter »Dächerprofessor« Frei Otto, hört, der ja auch beim Münchner Olympiadach mitgearbeitet hat und ohne dessen Anregung auch das vergnügt-elegante Dach der neuen Eissporthalle (aus einem hölzernen Netz) in München nicht denkbar wäre, bekommt man noch nachträglich sein Herzklopfen. Als für eine extreme Belastungsprobe 205 mit Wasser gefüllte Mülltonnen unter eine besonders empfindliche Dachpartie gehängt wurden, hatte selbst ihm der Atem gestockt: Hält es? Fällt es? Es verschob sich nur um einige Millimeter, im äußersten Fall um acht Zentimeter – bei sechzig Metern Spannweite eine lächerlich kleine Verformung. Tatsächlich drückt sich in keinem anderen Holzbau deutlicher als hier die Forderung nach einer »höheren Einfachheit« aus. Nicht die Fassade macht hier die Architektur aus, sondern die Architektur ist das Gerüst, das Holzskelett, die Konstruktion, an der man die Kräfte und den »Lastabtrag« ablesen kann. Wie wichtig das Ablesenkönnen ist, sagte der Architekt Peter Seifert, der wie sein im Holzbau erfahrener Münchner Kollege Hans Busso von Busse ein gelernter Zimmermann ist: »Ich muß wissen, wie etwas möglich ist, aber auch, was nicht geht. Für mich heißt bauen zu wissen, wie's geht. Ich bin da ein ganz sinnlicher Mensch. Ich brauche die Hand als Erfahrung.« Ein sympathischer, merkwürdigerweise auch beruhigender Satz.

Hans Busso von Busse: Heilig-Geist-Kirche in Schaftlach am Tegernsee, 1966 (1980 abgebrannt).

Was ist Holz?

Holz ist ein von der Natur produzierter, ein gewachsener, organischer, »lebendiger« Stoff. Holz wächst immer wieder nach. Sofern nicht ganze Wälder unbekümmert, eigensüchtig, gewissenlos, um schneller merkantiler Vorteile willen abgeholzt und ausgerottet oder vom sauren Regen und von Abgasen todkrank gemacht werden, gibt es Holz in Hülle und Fülle. Mystischen Naturen gilt es als ein beseeltes Material, das ihnen Ausrufe des Entzückens wie »göttlich!« oder »himmlisch!« entlockt. Holz ist zeitlos und erst in der Ära unbeschränkt verfügbarer Materialien auch Moden ausgesetzt. Holz behält, wenn damit verständig umgegangen wird, seine Natürlichkeit. Holz altert mit Würde. Holz rostet nicht, es fault nicht einmal, sofern die Konstruktion seine Eigentümlichkeit beherzigt. Holz riecht gut. Holz faßt sich warm an. Holz ist gemütlich. Es überbrückt die Trennung von Natur und Kunst, zwischen der Pflanze und dem Artefakt, der daraus angefertigt wird.

Holz gibt es in großer Mannigfaltigkeit. Beinahe berauschend sind die Vielzahl der einheimischen, europäischen, tropischen, exotischen Sorten, die unendlich differierenden Farbtöne, die unglaublich dezenten oder knalligen Maserungen, nicht gerechnet die dekorativen Zwischenfälle der Natur in Gestalt von Ästen und Rissen. Wer Holz verarbeitet, empfindet den Appell, die sinnfälligste Konstruktion zu finden, haushälterisch vorzugehen, sich zu bescheiden, bei äußerster baukünstlerischer Phantasie materielle Genügsamkeit zu üben, Einsicht in das Notwendige zu zeigen und das Überflüssige zu vermeiden, kurzum: klug und schonend, vernünftig vorzugehen. Und so streift man beim Umgang mit Holz unversehens den Bezirk der Moral.

Was also ist nun Holz wirklich?

Der Brockhaus von 1866 sagt: »Holz nennt man im gewöhnlichen Leben die innere, feste, unter der Rinde liegende Hauptmasse des Stammes, der Äste und Wurzeln der Bäume und Sträucher.« Ganz anders, nämlich mit einem Charakteristikum, erklärte es der Architekt von Busse, zu dessen Arbeiten zwei einfache, nicht zuletzt deswegen so überaus schön geratene Kirchen in Bayern gehören. Er zeigte, während wir uns unterhielten, zuerst auf eine Eternit-Schindel, anthrazitgrau, glatt, unveränderlich, und sagte: »Kein Leben drin.« Es dauert lange, ehe sich auf solchen künstlichen Schindeln ein dünner grüner Flaum von Moosen zu bilden beginnt, wenn überhaupt. Dann bückte er sich und holte aus einer Ecke eine Holz-Schindel herauf, dreißig Jahre alt, verwittert, ergraut und von winzigen Pilzen graugrün bepelzt: »Natürlich nicht pflegeleicht, aber lebendig.« Denn, so las ich in einem Buch von Karl Klöckner: »Holz ist wie alles Organische aus Zellen aufgebaut und behält auch im abgestorbenen Zustand,

Links oben:
Werner und Grete Wirsing: Wohnhäuser Bialas und Gerg in Glonn-Haslach/Oberbayern, 1963.
Links unten:
Richard Neutra: Haus McIntosh in Los Angeles, 1937.
Rechts oben:
Walter Gropius und Adolf Meyer: Blockhaus Sommerfeld in Berlin-Dahlem, 1921 – Vorderansicht und Balkenuntersicht auf der Gartenseite.
Rechts unten:
Clemens Holzmeister: Bootshaus Eichmann in Seewalchen, 1927/28.

## Holzhäuser der altmeisterlichen Moderne

Von Otto Bartning (1883–1959) wußte man, daß er in Holz verliebt war – und nicht nur, weil es ihn für seine berühmten Notkirchen besonders preiswert dünkte. Viele Baumeister seinesgleichen aus der ersten und zweiten Generation der Moderne haben wenigstens dann und wann mit dem Holz geliebäugelt, manche haben damit Proben ausgezeichneter Architektur zustande gebracht. Dazu gehört der Österreicher Clemens Holzmeister (1886–1983), von dem der kubisch fein gegliederte Körper des Bootshauses Eichmann in Seewalchen stammt. Und dazu zählt auch der in Wien geborene, in Kalifornien gestorbene Richard Neutra (1892–1970), der nach mutigen Experimenten Häuser aus Stahlbeton und Stahl und dann eines aus Holz (Holzskelett, Fassade aus kalifornischer Rottanne) konstruiert hat mit einem für ihn typischen fließenden Grundriß. Eines der eigenartigsten Holzhäuser der Moderne ist das, welches Walter Gropius und Adolf Meyer für den Holzgroßhändler Sommerfeld 1921 in Berlin entworfen haben; ein Blockhaus aus Resten eines abgewrackten Kriegsschiffes. Als Holz bei uns noch lange nicht *en vogue* war, in den sechziger Jahren, bauten Werner und Grete Wirsing aus München damit Einfamilienhäuser.

als gefällter Baum« – und, möchte man hinzufügen, als Gebäude – »seine organische Struktur.« Es bleibt, scheint's, lebendig. Die Zellen sind mit Luft gefüllt und wirken deswegen außerordentlich wärmedämmend. Holz ist winddicht und schlagregensicher, es bildet sich daran kein Schwitzwasser. Frost läßt es kalt. Es ist selbst gegen aggressive Stoffe wie Salz und ärgere Chemikalien in der Luft oder im Regen unempfindlich.

Holz besteht im wesentlichen aus Zellulose, aus der das Gerüst der Zellen gebaut ist, und aus Lignin, das »kittende Wirkung« hat. Die eigenartige Zellstruktur gibt dem Holz auch seine besondere Eignung für das Häuserbauen: Es ist doppelt stabil. Parallel zum Verlauf seiner Fasern – in der Richtung also, in welcher der Baum gewachsen ist – kann es nach Auskunft der Statiker gleichermaßen auf Druck und Zug belastet werden. Es taugt also zugleich als Ständer oder Pfeiler und als Balken oder Träger quer darüber. Es ist fest und zugleich elastisch. Aber es schrumpft und quillt, es »arbeitet« – im Gegensatz zu Backstein und Beton, und beim Stahl weiß man ziemlich genau, wie stark er sich bei Wärme auszudehnen pflegt. Nichts wünschen sich die Holzhäuserbauer deshalb mehr als möglichst knochentrockenes Holz, denn »das ist ruhig, das bewegt sich nicht mehr«. Erreicht wird das nach etwa zweijähriger Lagerzeit, und das ist offenbar zu teuer geworden. Heute wird schon grünes Holz verkauft, »da hat vor vier Tagen noch der Vogel drauf gepfiffen«, wie ein Holzfabrikant erzählte. Holz für tragende Bauteile wird deshalb künstlich getrocknet; wie gleichmäßig und sorgfältig, sieht man am Hirnholz, da also, wo der Stamm oder der Pfeiler durchgesägt ist: an den Rissen.

Derlei Unsitten verdanken wir unserer Ungeduld, unserer Abneigung vor sogenannten kostenintensiven, wenngleich vernünftigen Praktiken, aber nicht selten auch der blanken Unkenntnis vom Naturbaustoff Holz. Es tut gut, einen Augenblick abzuschweifen und einen Blick in die Bücher der Alten zu tun, beispielsweise ins zweite Buch der »Baukunst« des Vitruv genannten Marcus Vitruvius Pollio. In der schönen Ausgabe August Rodes von 1796 liest man mit neugierigem, aber auch ästhetischem Behagen dies:

»Das Bauholz muß vom Anfange des Herbstes an, bis zur Zeit wann der Westwind – *favonius* – zu wehen beginnt, geschlagen werden; denn im Frühjahre werden alle Bäume trächtig und treiben ihres Wesens ganze Kraft in Laub und Jahresfrücht. Leer also und feucht, vermöge der Jahreszeit, werden sie schwammicht und vermittelst der Porosität schwach; gleichwie auch die schwangeren Weiber von dem Empfängnisse bis zur Geburt für nicht gesund erachtet werden, daher beym öffentlichen Verkaufe Schwangerschaft für Krankheit gilt; weil die Frucht – *praeseminatio* – im Mutterleibe zu ihrem Wachsthume aus jeglicher Speise einen Theil

der Nahrung an sich zieht, und also, je reifer und stärker sie selbst wird, um desto mehr Kraft der Mutter raubt. Allein, das Kind ist geboren, so wird der Nahrungssaft, welcher vorher zu dessen Wachsthume der Mutter entzogen wurde, sogleich nach der Entbindung der Leibesfrucht – *disparatio praeseminationis* – wieder der Mutter zum Theil . . . und also die ihrer Natur zustehende Kraft und Festigkeit wieder erlangt. Auf gleiche Weise behalten die Bäume im Herbste, sobald ihre Früchte reif und die Blätter welk sind, allen Saft, den die Wurzeln aus der Erde ziehen, bey sich, und bekommen dadurch ihre Gesundheit und Kräfte wieder; auch drückt sie während der gedachten Zeit die scharfe Winterluft zusammen und macht sie fest. Weshalb denn die angegebene die beste Zeit zum Holzfällen ist.« Spätholz oder Herbstholz hat schmale Jahresringe, es ist fest und trocken und deshalb zum Bauen besser geeignet als Frühholz oder Frühlingsholz mit weiten, breiten Ringen und viel Saft in den großen Poren.

Freilich hat man zu Vitruvs Zeiten – zu Beginn unserer Zeitrechnung also – die Bäume auch nicht gleich gefällt, sondern unten ringsherum erst eingekerbt, damit »der Saft herauströpfele und der Baum trockene«. Dadurch, daß die Feuchtigkeit »aus dem Splinte ausläuft, wird verhindert, daß sie darin in Fäulniß geräth und des Holzes Beschaffenheit verdirbt«. Ist der Baum endlich trocken, »so werfe man ihn um, und er wird tüchtig zum Gebrauche seyn«.

Der nächste große, in der Praxis erfahrene Theoretiker, der Renaissance-Architekt Leon Battista Alberti (1404-1472), läßt sich über das Fällen der Bäume und die Wahl der Sorten für den Bau ungleich genauer aus. Er weiß auch von allerlei Bemühungen zu berichten, das Holz gegen Einflüsse von außen unempfindlich zu machen: Man bestrich es mit Kuhmist, damit es eine gleichmäßige trockene Dichte erhielt; man grub es ein, damit es hart wurde, beschmierte es mit Ölschaum, damit es vor Fäulnis sicher war; mit Pech schützte man Holz vor Salz und Wasser, mit Vogelleim, damit es nicht brannte, desgleichen auch mit Alaun. Und von den alten Zimmerleuten wird berichtet, sie tauchten das Holz, das sie zu drechseln vorhatten, dreißig Tage lang in Wasser und Lehm, weil sie meinten, es trockne dadurch viel schneller und lasse sich zu allem verwenden. All dem hatte auch der königlich-französische Baumeister Augustin Charles Daviler (1653–1700) in seiner »Ausführlichen Anleitung zu der gantzen Civil-Bau-Kunst« von 1725 nichts Wesentliches hinzuzufügen. Auch er wußte, daß die Qualität des Holzes nicht nur von harten und weichen Sorten abhängt, sondern viel mehr davon, »daß es nicht wohl gewachsen oder nicht zu rechter Zeit geschlagen worden« ist. »Das lockere und schwammigte Holz ist zu gar nichts gut.«

Peter Seifert: Cosima-Bad in
München, 1980.

Wahrhaft Holzverliebte wie der Architekt Seifert und wie Karl Moser, der Chef einer Holzbaufirma in Aichach, bekommen leuchtende Augen, wenn sie von früheren Praktiken erzählen. »Man hat ja damals«, sagt Moser, »wenn so a Landwirt draußen vorg'habt hat, irgendwas zu bauen, ja, dann hat er sich an Weihnachten 'rum seine Bäume ausg'sucht und hat dann glei im neuen Jahr bei Neumond« – nein, sagt Daviler, »im Decomber, Januario, Februario, bey abnehmendem Mond«, doch, sagt Seifert, »bei Neumond, in der Frostperiode« – »ja, im Frost hat er's geschlagen« (ja, sagt Seifert, und geschaut hat er, für was das Holz in Frage komme, fürs Sockelgebälk, für die Ständer oder so), »es ist genau ausgesucht worden, jeder Stamm wurde ausg'sucht, wofür er paßt. Und dann ist er 'schlagen worden, dann hat er ihn auch gleich entsprechend behauen, und dann ist das Holz erst mal gelagert worden, a Jahr oder zwei Jahr, und dann ha'm Sie so a Holz in die Hand nehmen können: Des is ruhig, des rührt sich nicht mehr. Das ist ein Verfahren, natürlich, das nicht mehr möglich ist – so leid's uns tut.« Und deshalb wurde das künstliche Trocknen forciert.

Man kann Holz im Handumdrehen »auf zwölf Prozent heruntertrocknen«, für Parkettfußböden gar auf acht Prozent. Doch langsam getrocknetes Holz verändert seinen Zellaufbau nur ganz allmählich und gleichmäßig. Bei Holz jedoch, das man in eine Dampfkammer schiebt, dann heißer Luft von 70 oder 80, ja bis zu 140 Grad aussetzt und so die Feuchtigkeit herausschwitzen oder herauskochen läßt, verändert sich das Zellgefüge auf radikale Weise. Das kann selbstverständlich die Qualität beeinflussen, wenngleich das die Leute vom Bau nicht mehr sonderlich beeindruckt. Sie verwenden für ihre Konstruktionen mit Holz ohnehin eine Menge Stahl.

Aber nicht die teure Lagerung und nicht die maschinelle Mühsal des schnellen Trocknens hatten dazu geführt, dem Holz reserviert zu begegnen. Holz ist, als Ganzes gesehen, ein verhältnismäßig preiswertes Material, das zu erzeugen man überraschend wenig Energie verbraucht. Für Beton ist die vierfache, für Kunststoff die sechsfache, für Stahl die vierundzwanzigfache Erzeugungsenergie notwendig, für Aluminium gar 126mal so viel. Holz hat eine im Vergleich zu seinem Eigengewicht außerordentlich hohe Festigkeit. Trotzdem waren die Vorbehalte groß. Gemessen an Beton, Stein und Stahl hielt man Holzhäuser für abnorm gefährlich, auch wenn die Sorge übertrieben ist.

Der größte Einwand gegen den Gebrauch von Holz beim Bauen war tatsächlich die Angst vor dem Feuer. Weder der Staat noch die chemische Industrie haben gezögert, sie äußerst ernst zu nehmen. Die ersten von Behörden verfügten Einschränkungen kennt man schon aus dem Mittelalter. Im Jahre 1272 hatte die Stadt Breslau sogar strikt verboten, neue Gebäude aus Holz aufzuführen. Zweiundzwanzig Jahre später wurde in Straßburg die Vorschrift erlassen, wenigstens die Brandgiebel aus Stein zu mauern. Freilich hat das weder den Fachwerkbau wirklich behindern noch große Katastrophen verhindern können. Beim großen Brand, dem 1842 halb Hamburg zum Opfer fiel, ist die ganze mittelalterliche Holzstadt in Flammen aufgegangen. So wurde, als Werkstein, Ziegel, dann Beton und Stahl gebräuchlich und neue Fertigungsmethoden dafür am Bau üblich wurden, der Baustoff Holz immer argwöhnischer betrachtet und immer weiter verdrängt, vor allem in den Städten. Zuletzt war Holz für die meisten Architekten nur interessant, wenn es billiger war und als es, wie der Schweizer Sachverständige Peter Egli notierte, »zur ästhetischen Garnitur geworden« war. »Und wo es aus Preisgründen – in Küchen, Wohnschränken, bei Innentüren – nicht substituiert werden kann, substituiert es sich selbst durch Holzwerkstoffe, Sperrholz, Spanplatten, Tischlerplatten, möglichst so kunststoffbeschichtet, daß der ursprüngliche Werkstoff Holz nicht einmal mehr geahnt werden kann.«

Von den Katastrophenmeldungen aus der Geschichte beeindruckt, durch die Entwöhnung mißtrauisch und Verdächtigungen zugänglich geworden, durften in den letzten Jahrzehnten bei uns nur höchstens zweigeschossige Häuser aus Holz gebaut werden. Inzwischen ist diese Vorschrift gemildert worden, und tatsächlich darf man nun auch in der Bundesrepublik höher hinaus. Die Schutzbestimmungen indessen sind streng geblieben. Fachleuten eröffnen sie sich in der Vorschrift bestimmter Feuerwiderstandsklassen: F 30-B, F 60-B und F 90-B. Die Zahlen darin nennen in Minuten die »Feuerwiderstandsdauer«. Eine Holzkonstruktion, die der höchsten Klasse F 90-B zu genügen hat, muß dem Feuer anderthalb Stunden lang trotzen, ehe sie einzustürzen droht. Man weiß aber, daß ein dicker Pfeiler dem Feuer mit ziemlicher Sicherheit widersteht, im Gegensatz zu einem Stahlträger, der sich unter der Hitze leicht verbiegt und zu schmelzen beginnt. Je dikker das Holz ist, desto schwerer entzündet es sich, und desto eher bleibt seine Standkraft erhalten, denn die Oberfläche verkohlt, und die so entstehende Holzkohlenschicht leitet Wärme nur wenig, sie wirkt wie eine Isolierschicht. Vielleicht ist sie kein absoluter Feuerschutz, aber der Fachmann sagt: »Die Abbrenngeschwindigkeit wird verzögert.« Doch wohl so intensiv, daß die Feuerschutzbestimmung verlangen kann, tragende Bauteile sollen tragfähig, raumabschließende Bauteile raumabschließend bleiben. Um die Entflammbarkeit des Holzes, die bei 200 Grad Celsius liegt, zu verzögern oder zu verhindern, gibt es eine Anzahl chemischer Mittel, so wie es Mittel gibt, die das Holz vor Pilzen, Insekten, natürlich auch vor übertriebener

Feuchtigkeit und vor den ultravioletten Strahlen des Sonnenlichts schützen. Selbstverständlich gibt es Anstriche, die nicht nur dem Schutz des Holzes dienen, sondern auch seiner Ansehnlichkeit förderlich sind. Man kann es mit kräftig deckenden Farben anstreichen, man kann es aber auch, um seine schöne Maserung sichtbar zu erhalten, pastellfarben lasieren; die Verwitterung kann darauf wunderbare Bleicheffekte hervorrufen.

Den besten Holzschutz freilich gewähren nicht gesetzliche Vorschriften und keine noch so raffinierten chemischen Tinkturen, sondern der sachgemäße Umgang mit dem Material beim Bauen. Das Stichwort ist denn auch ganz offiziell der »konstruktive Holzschutz«. Die in der Verwendung von Holz erfahrenen Architekten sagen, daß, wer sein Gebäude richtig konstruiert, fast kein Imprägnierungsmittel nötig habe. Vor allem wissen sie, daß Holz Luft braucht. Noch deutlicher: Holz muß hinterlüftet sein. Lüften heißt trocknen, aber in Wirklichkeit heißt es, den Feuchtigkeitsgehalt des Holzes stetig ausgleichen. Die Fachleute sprechen von der Hygroskopizität, der zufolge Holz einen Gleichgewichtszustand mit der relativen Luftfeuchtigkeit erreichen will. Wie wahr das ist, haben uns vor allem die Skandinavier gezeigt, indem sie ausgerechnet diejenigen Räume des Hauses, in denen es dampft und spritzt, die Bäder und die Saunas, von Anfang an aus Holz gezimmert haben.

Der Architekt Peter Seifert behauptet denn auch: »Ordnungsgemäß verbautes Holz bedarf keines chemischen Holzschutzes.« Dachstühle uralter Kirchen sind auch nach Hunderten von Jahren noch tadellos in Schuß und äußerst stabil. Nur da, wo die Enden der Balken eingemauert sind, wo also keine Luft herankommt, verfault das Holz. Schon Leon Battista Alberti berichtet – staunend, hat man den Eindruck – von den zypressenen Türflügeln im Tempel der Diana; sie hätten vierhundert Jahre gehalten und ihren frischen Glanz so bewahrt, »daß man sie immerfort hätte neu nennen können«. Man habe bezeugt, schreibt Alberti, daß beim Tempel der Diana in Spanien die Balken aus Wacholder »vom Jahre zweihundert vor Trojas Untergang bis zu Hannibals Zeiten gedauert« hätten, und von einem Zedernholzdach in Utica gehe die Rede, es habe eintausendzweihundertachtundsiebzig Jahre bestanden.

»Gerade in der Planung mit Holz«, höre ich da den Architekten von Busse sagen, »ist ein ungeheures Maß an Genauigkeit notwendig.« Sein Kollege Seifert ergänzt: »Im Betonbau kann man schon mal lügen, man tut einfach Eisen rein, es sieht ja keiner.« Das wichtigste Wort in der Holz-Architektur ist denn auch nicht: entwerfen, sondern: konstruieren. Konstruieren ist eine Art Steckspiel, bei welchem Pfeiler und Balken richtig miteinander verbunden werden müssen. Daran

Links oben:
Markthalle in Beaune/Burgund.
Links unten:
Cooperative Dornbirn: Haus Muxel in Au/Vorarlberg, 1981.
Rechts oben:
Hugo Häring: Scheune des Guts Garkau, 1924/25.

## Holz für (fast) alle Spannweiten

Es ist längst bewiesen, daß Holz nicht nur zum Bau von Scheunen, Hütten und Einfamilienhäusern taugt. Moderne Methoden, Holz in Schichten fest und stabil miteinander zu verleimen, machen es möglich, geradezu abenteuerliche Spannweiten zu überwölben. Im Industrie- und Hallenbau begegnet man mannigfaltigen, oft sehr kühnen Konstruktionen.

Oben:
Hauptkantine einer Militärschule in Rochefort/Frankreich.
Manfred Morlock: Wiesensteig-Brücke in Lörrach.
Mitte:
Georg und Ingrid Küttinger: Reithalle in München-Riem, 1976.
Peter C. von Seidlein und Horst Fischer: Druckerei in Paderborn, 1973/74.
Ernst Baumann, Helmut Hastreiter, Luis Dietrich, Volker Hagen, Klaus Uhlmann: Informationszentrum im Nationalpark Bayerischer Wald, 1981.
Rechts:
Werkgruppe Lahr: Büroturm der Architekten, 1978.
Werkgruppe Lahr: Sternenberghalle in Friedenheim, 1981.

hat sich die Kunst der Zimmerleute seit anderthalb Jahrtausenden entfaltet.

Wie sonst nur bei Stahlbauten sieht man an Holzgebäuden diejenigen Teile, die tragen, und die, welche nur (Wände) füllen: Man kann an der Konstruktion den Kräfteverlauf ablesen. Aus Finnland kennt man den Brauch, das sogar mit Farben zu betonen: Pfeiler, Pfosten, Balken und Fenster sind anders gestrichen als die Wandfüllungen. Die Konstruktion vermag also auch sehr ornamentale Reize zu entfalten. Man begreift ihre Schönheit mit den Augen, man »versteht« Holzhäuser – etwa so, wie man Musik eher zu verstehen vermag, wenn man die Komposition zu verfolgen, zu entschlüsseln imstande ist; gemeint ist, wenn man ihre Konstruktion erkennt, wenn man, zum Beispiel, mit dem Bau der Fuge oder des Sonatensatzes vertraut ist. Wirkliches Verständnis freilich ist damit, in der Musik wie in der Architektur, beileibe nicht schon verbürgt, dazu bedarf es anderer, sensorischer Fähigkeiten.

Man glaubt, daß sich schon die jagenden Nomaden vor zwölftausend Jahren Zelthütten aus jungen Bäumen, Reisig und Fellen gebaut haben. Einen eigenen Berufsstand der Zimmerleute gibt es seit dem Jahre 350 n. Chr. Den Dübel, den Holznagel, das wichtigste Element des Zimmerns, kennen sie indessen seit Urzeiten, die Kunst des Verzapfens beherrschen sie, sagt man, seit gut anderthalb Jahrtausenden. Wer auch nur einmal in alten Zimmermannsbüchern geblättert hat, weiß, daß das Hauptthema der Holz-Architektur nicht nur Stütze und Träger, Pfeiler und Balken heißt, das sowieso, sondern die Kunst ist, die Teile fest miteinander zu verbinden. Und die Devise jeder intelligenten Konstruktion ist, sie mit sowenig Aufwand wie möglich zustande zu bringen. Man sucht ständig nach dem Minimum. Wen wollte es wundern, daß die Zunft, die ihr Handwerk seit so langer Zeit ausübt, sich auch eine eigene Sprache zurechtgezimmert hat? Der jeden Laien verwirrende Vokabelschatz kennt nicht nur Stützen und Balken, sondern auch Binder und Pfetten, Kopfbänder und Sparren, Radial- und Pilzrippen, Obergurtzargen und Druckstützen, Untergurte, Unterzüge, Hirnstöße und Wassernasen, Schattennuten, Schwebezapfen und Nutwangen, Pfosten, Säulen, Ständer und derlei mehr. Man kennt Schwertungen und Ankerbalken, schafft Verbindungen durch Einhälsen, Aufkämmen, Verzapfen.

Konstruktionen, habe ich gelernt, haben – ganz simple Gebäude ausgenommen – stets mehrere Aufgaben gleichzeitig zu erfüllen. Sie müssen tragen, trennen, öffnen, verbinden, dämmen, dichten, belichten, versorgen und mehr. Das sinnvolle Fügen der Teile verlangt die Kenntnis des Materials und seiner Eigentümlichkeiten, den werkgerechten Umgang damit, einen ökonomischen Verstand, kurzum, logisches Denken. So versteht

man auch den Satz, daß in der Holz-Architektur Formen nicht erfunden, sondern gefunden würden. Es bleibt die Erfahrung, daß sich die beste Architektur auf klare Formen beruft und es vermeidet, die Folklore und die Geschichte zu mißbrauchen, auszubeuten oder übertriebener modischer Originalität nachzujagen. Wer gescheite Holzhäuser studiert, erkennt immer wieder, daß mit minimalem Aufwand, mit den richtigen Elementen und einer angemessenen Konstruktion die imponierendsten Leistungen hervorgebracht werden. Holz, könnte man meinen, verlange weniger Kunst als Intelligenz, weniger Intuition als Verstand.

Inzwischen ersetzt viel technisches Raffinement die alte Zimmermannskunst. Unbezahlbar sind heute die Fertigkeiten, Hölzer »durch den Stoß oder das Blatt« zu verlängern, Hölzer mit einfachen, geeckselten, schrägen, mit Brust-, Schwalbenschwanz-, Scheer-, Kreuz-, Seiten-, Blatt- oder Jagdzapfen zu verknüpfen, das gleiche mit sogenannten Überblattungen zu versuchen und Hölzer so zu verkämmen oder zu verdollen, daß sie sich nicht verschieben können, oder sie zu verschiften. Es gehört auch die Kunst dazu, Hölzer durch Zähne oder Dübel zu verstärken. Genug – es sollte nur eine Andeutung vom Reichtum handwerklicher Künste beim Bau von Häusern aus Holz sein.

Aber nicht nur, weil ihre althergebrachten Praktiken zu teuer, sondern auch, weil viele Gebäude so groß und so kompliziert geworden sind, wurden die Zimmerleute von den Bauingenieuren abgelöst und zu harmloseren Tätigkeiten abgeschoben. Was die Handwerker früher »elegant aus dem Holz heraus« zu machen pflegten mit all den raffinierten Methoden des Verlängerns, Verstärkens und Verbindens, wird heute »ruckzuck genagelt und geschraubt«, sagt der Holzbaufabrikant Karl Moser: »In modernen Holzbauten jeder Art steckt eine Menge Stahl.« Die wichtigsten Mittel, Holz miteinander zu verbinden, »Knoten« zu bilden, sind nun der Stahlbolzen und der Ringdübel, das ist eine mit Widerhaken versehene Scheibe, die sich – wie die größere Krallplatte – im Holz festkrallt und Balken »biegesteif« zusammenhält.

Daß man nun so sehr »auf den Nagel gekommen ist«, findet Moser nicht ungefährlich. Er fürchtet, daß »immer mehr Eisen ins Holz kommt« und ein Holzbau am Ende nur noch »ein mit Holz kaschierter Stahlbau« werde. Man kann es an den Trägern einer Sporthalle, die im Allgäu errichtet wurde, sehen. Jeder der acht »Leimbinder«, die ein Dach von fünfzig Metern Spannweite stützen, je fast siebenhundert Zentner schwer, steckt voller Eisen in den Anschlüssen und den Verstrebungen. Doch es gibt bei derart großen Holzkonstruktionen eine äußerste Grenze, an der das Ergebnis die Absicht verkehrt – weil der Anteil des Stahls so groß wird, daß das Holz seine konstruktive Hauptrolle ver-

Grenzfall der Holzbaukunst – Peter Seiferts Cosima-Bad in München, 1980.

liert und zum dekorativen Gemütsstoff degradiert wird. Solch ein Grenzfall ist das Cosima-Bad in München, das Peter Seifert entworfen hat; darin kehren sich Logik und Eleganz beinahe um in Plumpheit und Monumentalität. Entweder werden die Balken zu dick, oder Stahl macht das Holz zur malerischen Nebensache. So versteht man den Satz des Architekten recht gut: »Man muß wieder zurück zu den ganz einfachen Konstruktionen.« Die Konstruktion ist, wie man weiß, die älteste und die seriöseste Zuchtmeisterin der Baukunst. Sie läßt keine Lügen zu. Diese höhere Einfachheit, die beinahe ohne Fassade auskommt, drückt sich in allen geglückten Holzbauten aus, nicht zuletzt in den Einfamilienhäusern, die hier vorgeführt werden.

»Es wäre von Vorteil«, sinnierte vor Jahren der holländische Architekt Piet Blom, »wenn jeder Junge das Zimmererhandwerk erlernen müßte. Sein eigenes Heim zu bauen, ist ein Instinkt des Menschen. Architekten und Stadtplaner sollten nur die Infrastruktur liefern.« Und das hieße für den Holländer: »An jedem Platz Gasanschluß, Elektrizität, Licht, Balken und Stützen, Wege und Straßen auf verschiedenen Ebenen, Flächen, auf denen man sein eigenes Haus bauen kann – und eine Art von Regulativ zwischen individuellen und gemeinsamen Interessen.« Das ist ein Traum, ein ziemlich vernünftiger Traum – nur fürchte ich, daß wir dafür schon halb verdorben sind; von Hüttendörfern wie dem im Flörsheimer Wald am Frankfurter Flugplatz abgesehen, die nur für eine bemessene Zeit gedacht waren und ruppig sein durften, schaffen wir das Häuserbauen nicht mehr ohne Fachleute, ohne Architekten. Aber nun zeigt sich auf einmal, was lange vergessen war und endlich wieder mit Phantasie praktiziert wird: das Haus aus Holz, an das nicht wenige Bauherren selber Hand anlegen. Seine zeitgemäße Version ist einfach, aber nicht primitiv; sie ist preiswert, aber nicht ärmlich; die Proportionen ihrer Architektur sind meistens von geradezu klassischer Ausgewogenheit.

Ihre Architekten sind keine betagten weißbekittelten Herren mit großen Fliegen an den Hälsen, die es treibt, nach dem in Verruf geratenen kalten Beton nun wieder nach dem vielgepriesenen warmen Holz zu langen und über die Gebäudekonstruktionen den Sirup ihrer Gefühle auszugießen, sondern hellwache, oftmals junge Architekten, intelligent, bemerkenswert engagiert, selbstbewußt, aber auch selbstlos, wenn sie ihre bessere Einsicht in eine wahrere zeitgenössische Architektur, als sie ihnen gelehrt worden ist, durchsetzen müssen. Sie nehmen für ihre konsequente Ehrlichkeit auch Entbehrungen auf sich und stehen mancherlei Kämpfe gegen die verhärtete Konvention (besonders in Behörden, aber auch in der Nachbarschaft ihrer Bauherren) durch. Einige sprechen lieber vom Bauen als von der Architektur, obwohl sie eine solche von gro-

ßem Anspruch machen. Davon haben inzwischen auch ihre fernen Kollegen in den Jurys bedeutender und hochdotierter Preise Kenntnis genommen und Arbeiten ausgezeichnet, die eine neue Auffassung von Architektur erkennen lassen, aber auch auf neue Lebensweisen und eine andere als die gewohnte Art zu bauen und sich zu behausen hinweisen.

Wohin man auch sieht, in den Schwarzwald oder an den Bodensee, in die weitere Umgebung von München oder in das an den Bodensee grenzende österreichische Bundesland Vorarlberg – dies sind etwa die Hauptgebiete dieser neuen Holzbaukunst. Man liest an diesen sympathischen, durch und durch modernen Häusern die ähnlichen Vorsätze ab, die gleiche Raum- und Konstruktionslogik, erkennt auch eine Anzahl von verwandten Elementen, die, je nach Temperament der Architekten, mehr oder weniger ausgeprägt sind: offene, fließende Grundrisse mit genügend Nischen; lichte, am liebsten bis hinauf ins Obergeschoß reichende Räume von großer Transparenz und Lebendigkeit. Die Treppen sind oft frei im Raum plaziert, in der Mitte steht meist der Ofen (und am Haus das Spalier der Buchenscheite). Man sieht große, rundherum in Glas gefaßte Erker und Loggien, Veranden, die ganz ums Haus laufen oder vier, fünf, sieben Häuser wie an einer Glaspassage miteinander verbinden. Lauter strahlend gemütliche Räume, die dem Amüsement beim Wohnen dienen, aber zugleich mit ihren Luftpolstern einen technischen Übereifer vermeidenden Beitrag zum Energiesparen, also Sonnenenergienutzen, leisten. Man findet Hausformen, die in diesen Gebieten von jeher üblich sind und sich nicht zuletzt in den Sattel-, Pult- und (sogar das ohne ästhetische Katastrophe) Krüppelwalmdächern zu erkennen geben.

Ganz deutlich sind die Reduzierung auf das Einfache, die Klarheit der Konstruktion, die Bescheidenheit von Form und Ausstattung – sie dienen der Lust am Selber-, wenigstens am Mitbauen und vermindern die Baukosten. Daß man unter den Bauherren verhältnismäßig viele Musik- und andere Lehrer findet, läßt, nebenbei, auch Schlüsse auf die Vorstellungen und Hoffnungen dieser pädagogisch ambitionierten Generation der Dreißig- und Vierzigjährigen zu.

Die meisten dieser geräumigen und hellen Einfamilienhäuser, die hier und da zu Gruppen formiert sind und gemeinschaftliche Zwischenräume haben, riefen den Unwillen von Baubehörden hervor. »Wir haben noch nie etwas gebaut, das wir nur einmal eingereicht haben«, sagt Dietmar Eberle von der ehemaligen Vorarlberger Architektengemeinschaft Cooperative Dornbirn. »Keines der Häuser, die ich gebaut habe«, erzählt der Münchner Architekt Sampo Widmann, der sein Berufstraining in der Gruppe »Bauturm« und beim Holzschwimmbad-Architekten Peter Seifert absolviert

Team A Graz (Cziharz, Ecker, Missoni, Wallmüller): Wohnhaus in Graz, 1981.

Franz Enzenhofer: Haus in Arnfels, 1982.

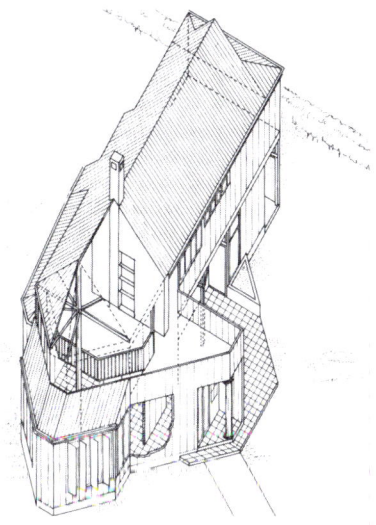

hat, »ist auf Anhieb genehmigt worden. Manchmal haben wir neun Monate lang verhandelt.« Der Widerstand entzündete sich weniger an fachlichen Fragen – »darüber kann man sich noch einigen« –, sondern an der äußeren Form, an der Gestaltung, an der »Architektur«. »Da reden ja oft nicht Fachleute«, sagt Widmann, »da redet der Gemeinderat, reden also der Schlosser, der Bauer, der Arzt, und alle glauben zu wissen, was Architektur und was schön sei und ob ein Haus an seine Stelle passe oder nicht.« Sie verstehen nicht, wie gut ein Entwurf überlegt ist, sondern nur, ob er ihnen gefällt oder nicht. Und da ihr Geschmack durch die verwilderte Architektur städtischer Einfamilienhaus-Ansammlungen verdorben worden ist, sind ihnen Häuser aus Holz fremd, zu streng, scheinbar ärmlich; sie fühlen sich an Scheunen erinnert, und Scheunen wollen sie partout nicht mehr am Dorfrand haben.

Warum bauen diese Architekten Häuser aus Holz? Thomas Herzog in München benutzt es, weil es die Chance eröffnet, »einfach zu bauen, ohne auf Architektur verzichten zu müssen«. Die Cooperative Dornbirn schwor auf Holz, weil es sich leicht be- und verarbeiten läßt, keine komplizierten Maschinen und keine besonders ausgebildeten Arbeitskräfte beim Bauen verlangt, weil es ferner einen einfachen, leicht durchschaubaren Konstruktionsaufbau ermöglicht und sich variabel anwenden läßt, was der architektonischen Gestaltung ein weites Feld eröffnet. Dies wiederum hat zur Folge, daß der individuellen Gestaltung jedes Einfamilienhauses nichts im Wege steht und Wünsche dieser Art sich endlich nicht mehr »bloß auf die Tapeten- und Möbelauswahl« beschränken. Und weiter hört man sie sagen: Einfachheit und Schlichtheit seien nicht nur notwendige Bedingungen für den Selbstbau, »sondern sind auch gestalterisches Ideal, das mit Holz verwirklicht werden kann, ohne banal oder monoton zu werden«.

Der Heidelberger Architekt Lothar Götz begründet die Materialwahl für die drei Holzhäuser, die er in Ibach an einen Schwarzwaldhang gebaut hat, damit, daß sie sich »in eine anspruchsvolle Landschaft einfügen und sie möglichst wenig stören«. Und Sampo Widmann bekennt: Holz, »das hab' ich gern um mich, das lange ich gern an, das erzeugt eine sehr schöne Atmosphäre – das ist was Eigenständiges, was Lebendiges«. Er versucht seine Häuser so zu konstruieren, »daß ich sie zur Not auch selber bauen könnte«. Das bewahrt ihn, glaubt er, vor der Gefahr, »allzu verrückte Häuser, allzu versponnene« zu entwerfen. Schließlich erwähnt auch er die Möglichkeit, damit sehr billige Häuser bauen zu können, und die Bedingung dafür: »daß man mit Holz umgehen kann«.

Da Holz ein sehr anspruchsvolles Material ist, kann das Bauen damit auch sehr teuer werden. Maurer

Oben:
Marcial Echenique: Wohnhaus in Cambridge/England, 1972.
Mitte:
Charles W. Moore und Warren Fuller: Haus Bonham bei San Francisco, 1962.
Rechts:
Steel + Bos Inc.: Haus bei Detroit/Michigan.

## Einfamilienhäuser anderswo

Vor ein paar Jahren war es üblich, sehnsuchtsvoll nach Kalifornien zu schauen, wo offenbar kein Gesetz und keine Bauordnung die Phantasie der Do-it-yourself-Häuserbauer zu drosseln versuchte. Von diesen verträumten, putzigen, heimeligen, nicht selten phantastischen Fluchtburgen abgesehen, sind in den USA – so wie in Dänemark, den Niederlanden und anderen Ländern auch – schon immer Häuser aus Holz gebaut worden: entworfen von Architekten. Es geschah dort weit früher, als diese Chance bei uns entdeckt worden ist.

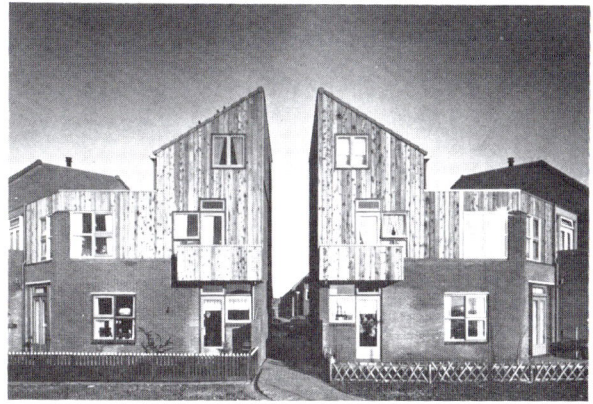

Oben:
R. M. Kliment und Frances Halsband: Wochenendhaus am Westufer des Hudson bei New York, 1977.
Valentino Agnoli: Haus in Stinson Beach/Kalifornien, 1970.
Mitte:
Kees Rijnboutt: Wohnanlage »De Gors« in Purmerend/Niederlande, 1977.
Kazumi Frank Kawasaki: Ferienhaus in Northport/Maine, 1976.
Charles W. Moore: Eigentumswohnungen Sea Ranch in Kalifornien, 1964.
Links:
Tegnestuen Vandkunsten: Siedlung Tinggarden bei Kopenhagen, 1978.
Rechts:
Arley Rinehart: Berghaus in Denver/Colorado, 1978.

können Ungenauigkeiten ausgleichen, indem sie die Fugen breiter oder schmaler machen; man erlaubt ihnen, auf eine normale Häuserlänge bezogen, Abweichungen bis zu vier Zentimetern. Zimmerleuten hingegen wird eine Toleranz von höchstens einem halben Zentimeter zugestanden. Das verlangt von niemand anderem als dem Architekten eine Genauigkeit sondergleichen und äußerste Disziplin beim Entwerfen der tragenden Konstruktion. Je logischer, je präziser sie durchdacht ist, desto einfacher, also billiger, mehr: desto besser ist sie – und schöner. Der Stolz darauf drückt sich schon in einer kleinen Beobachtung aus: Alle diese Architekten lieben es, die Konstruktion aus Stützen, Balken und Dachpfetten sichtbar zu lassen – willkommene ästhetische Zugabe.

Die Methode, ein Skelett, ein Fachwerk, zu bauen, hat einen zweifachen Effekt. Sie legt nahe, eine geometrisch exakte, wenn nicht strenge, somit einfache Form mit rechteckigen oder quadratischen Grundrissen zu finden. Da es keine tragenden Wände, sondern nur tragende Stützen gibt, kann man den Raum sehr frei aufteilen. Das ist die ideale Ausgangsposition für die Zusammenarbeit zwischen dem Architekten und seinem Bauherrn. Es zeigt sich, daß besonders die guten Architekten ihren Klienten zwar nicht besserwisserisch ihren Willen aufzuzwingen versuchen, aber auch nicht willfährig sind bis zur Selbstaufgabe. »Ich baue bestimmt nicht nur das, was die Bauherren wollen«, sagt Sampo Widmann. »Deswegen kommen sie ja zu mir.« Er fragt sie, was sie möchten. Sie sagen das Übliche: Wohnzimmer, Schlafzimmer, Kinderzimmer. Er fragt zurück, was sie denn im Wohnzimmer tun, er will hören, wie sie leben, wie sie miteinander und mit ihren Kindern umgehen. »So lernen wir voneinander.« Er versucht, die Entwurfsphase soweit wie möglich in die Länge zu ziehen, hört bisweilen die Bemerkung, das sei ja 'ne tolle Idee, so hätten sie sich's nie vorstellen können. Sie fangen an, über sich und ihre Lebensgewohnheiten

nachzudenken. Natürlich, sagt der Architekt, sei auch ein bißchen Überlistung dabei, »ein Rest bleibt ungeklärt, bis das Gerippe des Hauses steht und sie darin umherlaufen können und der Raum sich ihnen allmählich eröffnet: Ach, so sieht das aus! Jedoch gibt es auch Fälle, in denen der Bauherr am Ende recht behält, weil er das letzte Wort hat.«

Durch den intensiven Umgang miteinander, den jeder leidenschaftliche Architekt sucht, entsteht Vertrauen, oft bilden sich sogar dadurch Freundschaften. Mitunter entsteht ein so extrem persönliches Verhältnis des Architekten zu seinen Bauherren, daß ihm nicht nur ihre Häuser offenstehen, sondern daß er auch geholt wird, wenn es um ganz andere als baukünstlerische Probleme geht. »Manchmal«, seufzte einer von ihnen, »bin ich mehr Psychotherapeut als Architekt«, eine anstrengende Beschäftigung, für die er eine Erklärung entdeckt hat: das individuelle Wohnen in Potenz. Da die moderne Arbeitswelt kaum noch duldet, was man Selbstverwirklichung zu nennen pflegt, versuchen viele, dieses Bedürfnis zu Hause, im eigenen Hause zu stillen, excessiv.

Am eigenen Hause mitzubauen, bedeutet denn auch für viele mehr als nur Baukosten zu sparen. Tatsächlich sind viele dieser Holzhäuser ungewöhnlich billig, sagen wir: preiswert. Woran liegt das? Walter Mühlbauer, der Architekt eines so kompakten wie transparenten Einfamilienhauses im Dorf Hebertshausen bei Dachau, nennt dafür Gründe: Man könne viel billiger bauen, wenn erstens die großen, Initiativen gern erdrückenden Wohnungsbauunternehmen ausgeschaltet bleiben (denn sie verlangen schon ein Fünftel der Baukosten allein für die Übernahme der Bauherrenrolle und nehmen den Architekten bis zu vierzig Prozent ihres Honorars, zu schweigen von den Verzögerungen, die diese schwerfälligen, gefräßigen Verwaltungsapparate verteuernd verursachen. Es gehe zweitens, sagt Mühlbauer, billiger ab, wenn die Handwerker der Umgebung bemüht werden, mehr noch: wenn zum Beispiel die Holzkonstruktion des Hauses den Gewohnheiten und Fähigkeiten des Zimmermanns angepaßt wird und man den Bewohnern Zeit läßt, ihr Haus nach und nach zu vollenden.

Das Thema Selbstbau hat bei dieser Art des erschwinglichen Häuserbauens doppelte Bedeutung: Es vermindert den Preis, aber es stimuliert auch zu gemeinschaftlicher Betätigung, etwas, das nicht zuletzt in den Projekten wesentlich ist, zu denen es viele Architekten der Holzklasse in Wahrheit zieht. Auf die Frage, ob er des Werkstoffes einmal überdrüssig sein könnte, erwidert Sampo Widmann: nein, eher des Inhalts »Einfamilienhaus«, das, wie nicht nur er angesichts so vieler zersiedelter Landschaften und Ortsränder findet, eine überholte, nämlich Platz vergeudende

Links:
Hans Busso von Busse: Skelett der Heilig-Geist-Kirche in Schaftlach, 1966.

Art des Menschen sei, sich zu behausen. Die Zukunft, glauben viele, gehöre der Häusergruppe, die sich eng umeinanderschart, einem Thema, dem sie schon manche Varianten abgewonnen haben. Alle diese Holzhaus-Ensembles haben einen gemeinsamen, Gemeinschaft nahelegenden, wenn nicht herausfordernden Mittelpunkt: den Eingang, der zugleich Diele, Korridor, Straße und Platz, Veranda, Spiel- und Festplatz und vieles mehr ist oder sein kann. Das inzwischen berühmteste Vorbild dafür befindet sich im Vorarlberger Ort Höchst. Es gibt darin eine Empore, Abstell- und Spielräume, Sauna und Werkstatt. Obendrein hat jedes der fünf Häuser, die links und rechts darum gruppiert sind, eine große verglaste Veranda, die wie in fast allen anderen Häusern dieser vier ehemals Dornbirner Architekten Sommersitzplatz und Klimapolster im Winter ist. Heizungsbedarf: nur ein Drittel des Üblichen.

Das höhere Ziel aber ist hier wie anderswo: eine ungezwungene, unaufdringliche, bei Bedarf vorhandene oder zu aktivierende Gemeinsamkeit. Das erstreben die meisten Architekten, denen es wie diesen um gemeinsames, erschwingliches Bauen geht, um die Belebung der besseren Bautraditionen, um eine vernünftige Wohnqualität, die auf Repräsentanz und Oberflächenglanz keinen Wert legt. Vielleicht entdeckt man auch deswegen kaum Beispiele einer koketten, geschichtsverquälten »postmodernen« Architektur, aber auch keine Bemühungen um ausgefallene Formen, in denen klassische Themen frei paraphrasiert würden. Vielleicht entstand aber auch aus dem gleichen Grund ein richtig verstandener Regionalismus, der Traditionen nicht einfach kopiert oder auf akrobatische Weise collagiert, sondern der aus ihnen lernt und ihnen kritisch »das Einfache, Klare, Klassische, Konstruktive« entnimmt. Die meisten dieser Architekten praktizieren die alte (oft anonyme) Baukunst als moderne Architektur, deren Idee sogar in andere Gebiete, womöglich in die Stadt, übertragen werden kann. Das ungewöhnlichste, bislang einmalige Beispiel ist sicherlich ein Etagenhaus in der Admiralstraße 16 in Berlin-Kreuzberg. Die Mitglieder einer ausdrücklich dafür gegründeten »Selbstbau-Genossenschaft e. G.« bauen dort, betreut von dem Architekturbüro Peter Stürzebecher, ihre Holzskelett-Einfamilienhäuser in ein fünfstöckiges Haus-Regal aus Stahlbeton-Fertigteilen neben- und übereinander ein.

»Wie sollten Häuser und Städte sein, damit Menschen in der Zukunft in Einklang mit der Natur wohnen, arbeiten und leben können?« hatte Frei Otto die Kinder der Welt gefragt. Wir haben uns wie er davon anrühren lassen, von den gescheiten Entwürfen wie von den liebenswerten Träumen, nicht zu vergessen von den Baumhäusern. Es tut wohl, sich den Blick dabei erfrischen zu lassen. Es tut aber auch gut zu wissen, daß

manch ein Gedanke darin auch von Architekten unserer Tage gedacht wird, hier und da und heute. Holzhäuser sind ganz gewiß kein Allheilmittel gegen das zivilisatorische Unwohlsein, das uns befallen hat, und schon gar nicht die einzige Offenbarung, welche die Architektur der Gegenwart für das menschenfreundliche, das angenehme, praktische, umweltfriedliche, das poesievolle Wohnen zu bieten vermöchte. Holz oder Stein, Stahl oder Beton sind *a priori* weder gut noch böse noch gefährlich, weder empfehlenswert noch zu verwerfen. Entscheidend sind allein die Fähigkeit der Architekten, damit umzugehen, und die Qualität ihrer Architektur. Und trotzdem ist es gut zu wissen, daß das Häuserbauen mit Holz keine Kunst von vorgestern ist, sondern so aktuell wie je – und so modern wie das Denken der Architekten, die es verwenden und uns ein Gebiet zwischen Vernünftigkeit und Träumerei eröffnen.

Cooperative Dornbirn: Haus in Mäder, 1980.

**Drei Häuser, eine lange
Serpentinentreppe**

Haus in Ibach im Schwarzwald
Architekt: Professor Dipl.-Ing.
Lothar Götz
Baujahr: 1973

Wie sollte man nicht zuallererst von dieser Treppe fasziniert sein, die sich, wenngleich rechteckig gebrochen, die gut zwanzig Meter von der stillen Straße hinauf in Serpentinen windet und dabei – als sollte der Besucher Muße gewinnen, sich oft genug zu verschnaufen und sich immer wieder umzuschauen – Emporen bildet. Die Treppe (S. 29) führt immer etwa einen Meter über dem Boden, auf ein Podest, eine Plattform, die wie ein Platz die Wege zu den drei Häusern eröffnet und sie zugleich versammelt: Berghäusern, aber in ihrer merkwürdig anmutenden Strenge eindeutig der Moderne zugehörig. Nirgendwo ist eine (Schwarzwälder) Tracht versteckt, man ist Städter, und man behält einen klaren Kopf. Es gibt dafür eine beinah banale Erklärung: Diese Häusergruppe ist nicht das Ergebnis von Gefühlsseligkeit, sondern von – Gefühlen sich öffnender – Verstandesarbeit; es sind konstruierte, also durchdachte Häuser. Vier Gedanken waren dafür entscheidend.

Zunächst: Es wurden ausdrücklich drei Häuser gebaut, eines, das große, für die Eltern, die beiden anderen, kleinen, für die Tochter und den Sohn. Erstens macht diese Dreiteilung den besonders in den trittschallempfindlichen Holzhäusern notwendigen Schallschutz überflüssig; zweitens läßt sich jedes Haus für sich vermieten, ohne daß Störungen für die anderen heraufbeschworen würden; drittens wurde dadurch vermieden, die empfindliche Landschaft mit einem monolithischen Bauwerk zu stören. Nicht wenig trägt die »Wegearchitektur« der Treppe dazu bei, eben dies zu vermeiden und die Häuser mit ihrer Umgebung zu verknüpfen.

Und weiter: Um der Landschaft, des Biotops willen baute der Architekt, der Bauherr, die Gebäudegruppe aus Holz, aus Fichtenholz, wie es rundum wächst. Das Dach deckte er mit Zedernschindeln. Längst hat das üblicherweise mit einer Salzlösung imprägnierte Holz seine grünliche Farbe verloren, der Regen hat sie ausgewaschen; es ist dabei, so zu verwittern wie Telegraphenmasten. Das Holzskelett wurde so entworfen, daß Handwerker der Gegend die Häuser mühelos errichten konnten: eine Zangenkonstruktion aus Stützen

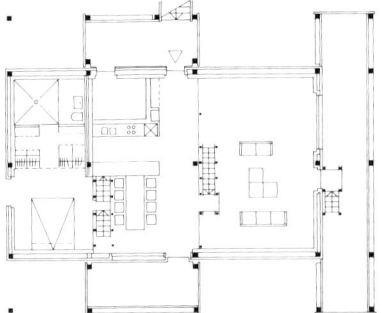

Raum das in diesem Klima wünschenswerte Gefühl einer geschützten Behausung entstehen.« Geheizt wird elektrisch mit einer Strahlenheizung im Fußboden; die Estrichmasse mißt, um die Wärme gut zu speichern, fünfzehn Zentimeter. Interessant ist, daß der mit Teppich beklebte Estrich in Felder unterteilt ist, damit er den Bewegungen der Holzkonstruktion nachgeben kann. Die Speicherheizung, die bei der ärgsten Kälte von zwei anderen elektrischen Heizgebläsen ergänzt werden kann, lädt sich morgens auf, ist also des Nachts am kühlsten.

und Trägern, die Träger führen beidseitig an den durchgehenden Stützen vorbei, sie nehmen sie »in die Zange«; sie sind mit Metalldübeln und -bolzen an den Stützen befestigt. Nur über größere Spannweiten hinweg wurden Leimbinder verwendet. Der Konstruktion ist eine hinterlüftete Holzschalung vorgehängt.

Ferner verlangte das Schwarzwaldklima des Winters Rücksicht. Um die Treppe nicht im oftmals einen Meter hohen Schnee versinken zu lassen, verläuft sie etwa einen Meter über dem Boden, sie läßt sich leicht vom Schnee befreien. Die Fenster wurden – bis auf die, vor denen sich die Landschaft öffnet – betont klein gehalten. Der Architekt sagt: »Es soll im

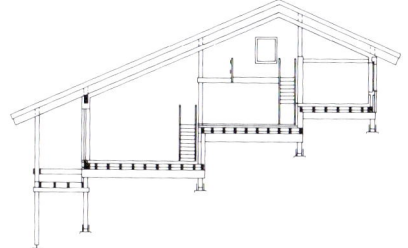

Und schließlich spürte der Architekt die Aufforderung in sich nach möglichst viel Natürlichkeit. Das zeigt sich in der Verwendung von Holz für Haus und Mobiliar und in der Art seiner Behandlung, aber auch im Gebrauch und der Wahl von Textilien, der Vorhänge und eines Wollteppichs. Die Einschränkung des Architekten, in der Küche aber habe er rostfreien Stahl verwendet, ist ganz und gar unnötig. Er sagt selber, daß sich Stahl hervorragend mit Kiefernholz vertrage. Ist Stahl denn unnatürlich?

Die drei Häuser bilden eine Gruppe von verhaltenem Temperament. Es ist »Bewegung drin«. Die Grundrisse folgen dem gleichen praktischen, topographisch begründeten Prinzip: Vorn, am Balkon,

befindet sich der Wohnraum; er liegt am tiefsten, man steigt in ihn wie in eine Höhle (mit Aussicht) hinab. Dahinter, um etwa ein Drittelgeschoß höher, liegen Küche und Eßplatz, hier ist auch jeweils der Hauseingang. Wiederum höher sind der Schlafraum und das (blau ausgelegte) Badezimmer plaziert. Gar keine Frage, daß der Niveauwechsel das Wohnen reizvoll macht.

Die Baukosten betrugen ungefähr 300 000 DM, etwa ebensoviel kosteten Erschließung, Ausbau und

Einrichtung samt allen Nebenkosten. Die drei Häuser haben eine
Wohnfläche (mitsamt dem Balkon)
von 145 Quadratmetern, der
umbaute Raum ist 930 Kubikmeter
groß, das Grundstück mißt 2500
Quadratmeter.

Die Häusergruppe hat etwas Proto-
typisches – so, wie es an den
Hang komponiert und mit der Serpentinentreppe erschlossen ist, wie
die Gebäude gegeneinander versetzt
und die Häuser in sich gegliedert
sind, wie der Architekt sich der kul-
tivierten Natur verpflichtet fühlte –,
nicht aus ideologischen, sondern
aus praktischen Gründen. Wurde
das nicht einmal unter dem Begriff
verstanden, der so vielen unzumut-
baren Deutungen ausgesetzt war:
Funktionalismus?

## Wenig Geld, viel Einfallskraft

Doppelhaus in Gräfelfing bei München
Architekt: Dipl.-Ing. Herbert Demmel; Mitarbeit: Ursula Bunsen
Baujahr: 1979/80

Warum Holz? Weil es vor Natürlichkeit nur so strotzt? Weil es so warm, so heimelig ist? Die Begründung ist ohne weltanschauliche Trübung, sie ist ganz nüchtern: Nach dem Rohentwurf des Doppelhauses wurden die Kosten einer Massivbauart mit denen der Holzbauart »unter dem Aspekt möglichst großer Eigenleistung« verglichen. Die Holzbauart erwies sich als kostengünstiger.

So einfach das war – so überzeugend und schön ist das Ergebnis. Freilich hatte es manch einem auch ein wenig Überwindung abgefordert: Den Bauherren – jung, probierlustig, mit architektonischem Denken vertraut – war die Bereitschaft abverlangt worden, das Übliche zu vergessen. Der Baubehörde fiel es erwartungsgemäß besonders schwer, »dieses ganz einfache und normale Doppelhaus ganz aus Holz innerhalb dieser Ortschaft zu genehmigen«, hier, mitten im älteren Ortsteil von Gräfelfing bei München, wo man es bisher mit kleinbürgerlich-kleinkarierten Dutzendhäusern, »neubayrischen Villen-Bungalows« zu tun (und sich daran gewöhnt) hat.

Den beiden um einen Meter achtzig gegeneinander versetzten Häusern liegt ein Modul von 1,20 mal 1,20 Metern zugrunde. Der erlaubte den Architekten, eine vorgefertigte Rohbaukonstruktion zu verwenden, und den Bauherren, mit den üblichen Möbelmaßen zurechtzukommen: Ein Schrank ist sechzig Zentimeter oder einen halben Modul tief, ein Stuhl ebenso groß, ein Tisch mißt wie eine Tür drei Viertel des Moduls. Zuerst wurden Keller und Brandmauern

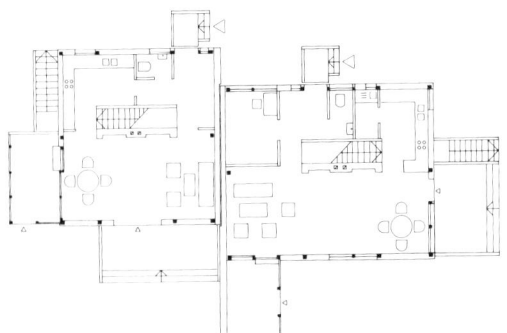

30

gebaut, massiv, wie es die Bauordnung vorschreibt.

Der Architekt teilte das Holzskelett in eine tragende »Primär-
konstruktion« (Spannweiten von
2,40 bis 4,20 Metern), die der Zimmermann errichtete, und in eine
»Sekundärkonstruktion«, die von
den Bauherren und ihren Helfern
hergestellt wurde. Anders formuliert: Der Architekt verschaffte seinen Bauherren mit dem Skelettbau,
in den sofort Fenster eingesetzt und
dessen Fassaden verschalt wurden,
die »wettergeschützte Rohbauhülle«
– die nunmehr »in Eigenleistung«
ausgebaut wurde: Der Holzlatten-
»Pullover« – die Außenhaut an
Dach und Fassade – wurde mit
Wärme isolierenden Strohplatten
gefüttert, im Innern mit Rigipsplat-
ten verkleidet. Diese Platten wurden zwischen die Holzstützen und
-balken an Wänden und Zimmerdecken eingefügt, mit Fugen an den
Rändern, die dem Holz Platz
geben, beim Trocknen (durch das
Heizen) zu arbeiten. Die Selbstbauer errichteten ferner die Trenn-
wände, legten den Fußboden, verlegten die Heizschlangen der Fußbodenheizung im Erdgeschoß. (Im
Stockwerk darüber wird, der nicht
massiven Holzdecke wegen, mit
Radiatoren geheizt.) Sie schlämm-
ten das Mauerwerk der Brand-
wände weiß mit einem körnigen
Mus aus Quarzsand und Kalkfarbe
und taten noch vieles andere.

Der Architekt war darauf
genau vorbereitet. Da er wußte,
daß er es nicht mit fachlich trainier-
ten Bauhelfern zu tun hatte,
bemühte er sich gleich zu Beginn,
eine »spezifisch für den durch-
schnittlich technisch begabten Laien
brauchbare Montagetechnik« zu
entwickeln und zu verwenden. »So
wurden zum Beispiel«, sagt er, »die
Gipskartonplatten in den Ausfa-
chungsfeldern nicht wie üblich ver-
fugt, sondern mit auf dem Bau-
markt erhältlichen Randprofilen
eingefaßt.« Das Doppelhaus hat mit

seinen zusammen etwa 240 Quadratmetern Wohnfläche und ungefähr 160 Quadratmetern beheizter
Nutzfläche im Untergeschoß, im
Spitzboden, in den beiden Glashäusern (und etwa 1500 Kubikmeter umbautem Raum) 450 000 DM
gekostet – erstaunlich wenig. Kein
Wunder, man kultivierte die Einfachheit. Um nur zwei Beispiele zu
nennen: Die Mauern wurden nicht
verputzt, sondern nur geschlämmt
(also kostet es nur fünf statt 25
DM je Quadratmeter); es wurden
eingestemmte Treppen – bei denen
die Stufen in die Wangen einge-
stemmt sind und auf die Setzstufe
verzichtet wird – gewählt (statt
10 000 DM nur 1000 DM) und obendrein »einläufig«, also platzsparend
übereinander plaziert.

31

platten isoliert (»der Pullover ums Haus«); die beiden Wintergärten sind im Winter Wärmepuffer, sie wirken wie Kollektoren (und im Sommer läßt man außen einfach die Strohmatten mit einer Schnur herunter).

Wenn man sich dem Anwesen nähert, bemerkt man bald: gescheite Einfachheit, anspruchsvolle Bescheidenheit. Die Dächer sind mit roten Ziegeln gedeckt, die Fichtenholzfassade ist graublau lasiert, das ergibt wunderbare Verwitterungen mit blaubunten Farbwendungen. Die Fensterrahmen sind in lauter verschiedenen Pastelltönen gestrichen: blaßtürkis, ockergrau, purpur, gelblich, graublau, rosa, blaßgrün. Es macht Spaß, ganz genau hinzugucken. »Es sieht immer wieder anders aus«, sagt der Bauherr, »bei jeder Jahreszeit, bei jeder Tageszeit, bei jedem Wetter, in jedem Licht.«

Der Architekt Herbert Demmel und sein Partner Walter Mühlbauer haben längst fortgefahren, Häuser dieser Art und dieser Denkmethode zu entwerfen: Häuser für sehr wenig Geld; Häuser, an denen die Bewohner tatkräftig mitplanen dürfen und mitbauen können; Häuser, die die Einladung zum Energiesparen honorieren; Häuser, die auch späteren Veränderungen, Um-, Ein- und Anbauten standhalten, wenn sie nicht gar erst den eigentlichen Gewinn daraus ziehen. Es ist interessant zu sehen, daß der Mangel an Geld die architektonische Phantasie außerordentlich zu mobilisieren vermag. Wenig Geld war noch nie eine Entschuldigung für schlechte Architektur.

Und selbstverständlich war es wichtig, an Heizung zu sparen. Tatsächlich gibt man in diesen beiden Häusern ein Drittel weniger als sonst in Häusern dieser Größe dafür aus. »Wir sind gewöhnlich einen Monat später dran mit Heizen«, sagt die Bauherrin Ursula Bunsen, die dem Architekten beim Entwurf zur Hand gegangen ist. Die Gründe? Auf der Nordseite sind nur wenige Fenster; die Ziegelwände wirken, wie der mit rotbraunen Keramikplatten gepflasterte Fußboden im Erdgeschoß, als Wärmespeicherflächen (die auch das in Holzbauten gefürchtete Barackenklima verhindern: schnelles Auskühlen, schnelles Aufheizen, übertrockene Luft). Das Dach wurde wie die Wände mit zehn Zentimeter dicken Stroh-

## Ein großer Raum, ein Dach

Haus in Nordburg bei Celle
Architekt: Professor Dr.-Ing.
Peter Stürzebecher
Baujahr: 1983

Es ist ein ruppiges Haus, man sieht ihm das Handgemachte an – aber es ist der Star in diesem mit spießigen Häuschen und Hütten zersiedelten Waldstück beim Dorf Nordburg nördlich von Celle. Ein Star jedoch hatte dieses Holzhaus, das so wunderbar zwischen und unter die Bäume paßt, gar nicht werden sollen. Der Ehrgeiz der Bauherren, einer Berliner Lehrerfamilie, richtete sich auf etwas ganz anderes. Selbstverständlich wünschten sie sich ein ansehnliches, möglichst schönes Haus von anspruchsvoller, treffender Gestalt, wohlproportioniert. Vor allem aber mußte es ein billiges Haus werden. Die Familie konnte für dieses Feriendomizil, das sie später vielleicht sogar zum Wohnsitz machen wird, nicht mehr als 90 000 DM aufbringen. Es mußte infolgedessen so einfach und so genau konstruiert sein, daß die Bauherren es mit einigen ebenso ungelernten Helfern, die sie in der Nachbarschaft fanden, möglichst selber vollenden konnten; für die Bauzeit hatte das Lehrerehepaar nur die sechs Wochen Schulferien im Sommer zur Verfügung. Aber das Haus sollte auch »problemlos in

winterharter und sommerwarmer Beanspruchung« sein.

Alles dies zwang den Architekten, sein Berufsbild ganz neu zu sehen. Er war nun keiner mehr, der fernab entwirft und berechnet und die Ausschreibung verschickt, sondern einer, der selber mit Hand anzulegen und Handgriffe vorzumachen hatte. Der Schluß, den er daraus zog, lautet: »Die Architektenausbildung muß . . . ganzheitlicher werden«; es genüge nicht, die Praxis im Studium zu simulieren, jeder müsse sie selber erfahren, müsse selber zupacken, »lernen durch Tun« – eine Anregung, die die Universität Stuttgart längst aufgenommen und praktiziert hat (siehe Seite 76).

Den Auftrag der Bauherren, ihre Mitarbeit beim Bauen zu ermöglichen und möglichst wenig Geld auszugeben, erfüllte der Architekt vor allem mit einer äußerst einfachen Konstruktion. Das Haus ist ein reiner Holzbau. Das tischförmige Skelett ist – in »Riegelbauweise« – aus Stützen und Trägern gebildet, die mit T-förmigen Blechteilen und Blechschuhen miteinander verbunden sind, die

Wände haben senkrechte Rippen.
Auf dem würfelförmigen »Tisch«
erhebt sich das pyramidenförmige
Dach. Das Haus besteht aus nur
dem einen, bis in die Dachspitze
reichenden Raum, der, um der
Vegetation und den Tieren ihren
Platz zu lassen, über dem Waldboden auf Stützen steht. Doch der
Ein-Raum erfährt seitliche Erweite-
rungen in Nischen. Dem unteren
Geschoß sind die Küche und das
Badezimmer, Eß- und Wohnplatz
und eine überdachte Veranda atta-
chiert; auf den Galerien des Ober-
geschosses sind Nischen eingerichtet
zum Schlafen, zum Ruhen: Rück-
zugsplätze. Quer durch den Raum
schwebt eine Brücke, die die Galerien miteinander verbindet. Das
Bausystem erlaubt vielerlei Umbau-

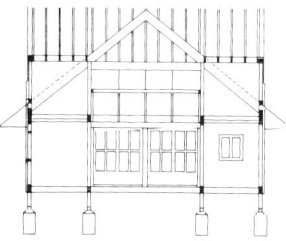

ten. Man kann zum Beispiel Türen und Fenster in den Wänden und im Dach anbringen. Die Maße taugen für viele handelsübliche Fertigprodukte. Die Galerien können zu einem Obergeschoß ausgebaut werden.

Und auf welche Weise hat der Architekt Kosten gespart? Sein Entwurf ist transparent und anschaulich, vor allem ist er einfach, nimmt also auf die ungeübten Bauherren beim Mitbauen Rücksicht. So gibt es nur zwei Achsabstände im Skelett (4,48 und 2,36 Meter), die Abstände zwischen den Wandrippen, den Deckenträgern und den Dachsparren sind (mit 47 Zentimetern) gleich. Stützen, Träger, Dachsparren und so weiter haben alle die gleichen Abmessungen, die Anzahl der Details ist so klein wie möglich.

Das gesamte im Bau verwendete Holz wurde von nur einer Firma geliefert, fertig zugeschnitten. Gerichtet hat die Skelettkonstruktion ein Zimmermann (mit den Helfern), er war ein experimentierlustiger Mann, der Spaß daran hatte, etwas Neues zu probieren. Der Architekt notierte: »Das Konzipieren, Kosteneinsparen, Kalkulieren, Entscheiden, Verhandeln, Terminieren, Beschaffen, das Bauen (!) war für die Bauleute erlernbar, auch das Schuldenmachen. Bauen, wachsende Anschaulichkeit, weckt bautechnisches Verständnis. Die aus dem benachbarten Dorf vermittelten Helfer – Schüler und Lehrlinge – wirkten als Verstärkung der Gruppe. Der Architekt schließlich, kompetent als planerisch-technischer Berater und Instrukteur, wird darüber hinaus zum handwerklich Beteiligten, durch Anpacken zum Baumeister.«

Sarkastisch vermerkte der Architekt aber auch, wo das Geldsparen geendet habe: Kommunale Monopolbetriebe hätten für drei Stunden Arbeit an dreißig Metern Leitung 5100 DM berechnet; der

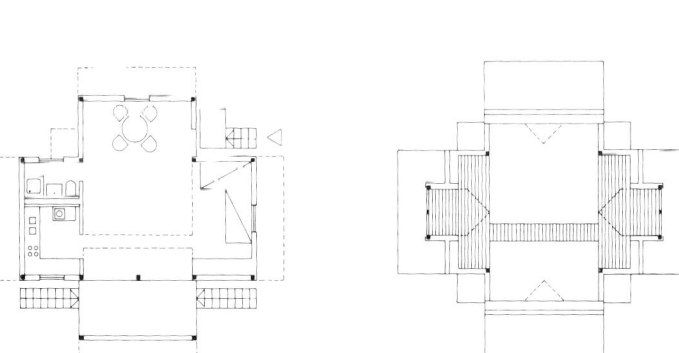

Prüfer der Statik beansprucht die Hälfte des gesamten Statikerhonorars (700 DM); der Notar kassierte nach einem kurzen Informationsgespräch 600 DM für die Bonitätserklärung zum Pachtvertrag; der ehemalige Bürgermeister einer Nachbargemeinde hielt die Hand auf für die Vermittlung des Erbpachtvertrags (2500 DM).

Und dennoch sind die Daten dieses zum großen Teil selbstgebauten Hauses imponierend:

| | |
|---|---|
| Planung | 6 Wochen |
| Bearbeitung der Baugenehmigung | 10 Wochen |
| Beschaffung der Finanzierungsmittel | 15 Wochen |
| Bauzeit | 6 Wochen |
| Reine Baukosten (1983) | 75 015,88 DM |
| Sonstige Kosten | 20 677,16 DM |
| Nutzfläche | 85,16 Quadratmeter |
| Rauminhalt | 325,39 Kubikmeter |
| Kosten pro Quadratmeter (reine Baukosten) | 880,88 DM |
| Kosten pro Kubikmeter (reine Baukosten) | 230,54 DM |

Das Haus macht eine gute Figur im Wald. Es ist modern, klar in den Formen, es suggeriert Gemütlichkeit, es sieht mit seinen seitlichen Ausbuchtungen, über die das Dach hinabreicht, und den Ecknischen lauschig aus. Und es hat etwas Rührendes, daß es den Waldboden, über dem es scheinbar schwebt, nicht berührt. Aber auch das ist nicht unwichtig: Es hatte nur ein Baum gefällt werden müssen, und einem anderen zuliebe wurde das Dach über der Veranda eingekerbt.

Auf die Frage, ob das einfache Haus, wie es gewünscht war, »winterharter und sommerwarmer Beanspruchung« standhalte, antworten die Bewohner und der Architekt: Es lebe sich behaglich darin.

## So natürlich wie möglich

Haus in Überlingen am Bodensee
Architekt: Dipl.-Ing. Hans-Peter
Burkhardt
Baujahr: 1978

Immer, wenn man Kopfweh hat, sagt der Sohn, gucken die Schweizer Berge 'raus: Bei Föhn sieht man weit hinten am Horizont die Alpen Daraus geht hervor, daß das Haus beneidenswert schön plaziert ist. Es liegt ziemlich weit oben an einem Hang im Nordwesten von Überlingen, wo sich ein Villenviertel ausbreitet. Nach den mehr als vierhundert Projekten – darunter Läden und Apotheken, Weinlokale, elegante Bars, ein Dentalinstitut und eine gynäkologische Abteilung, nicht zuletzt das für seine »biologische Architektur« berühmt gewordene Verwaltungsgebäude der Firma Kaiser und Kraft in Reutlingen – war dieses Haus, das Hans-Peter Burkhardt sich gebaut hat, sein erstes Einfamilienhaus. Ihm war von Anfang klar, daß es so natürlich wie möglich sein sollte, also ein Haus aus Holz, für das der Architekt sich uralte Erfahrungen mit dem Licht, der Wärme, den Farben, dem Wohnen zunutze gemacht hat.

Das Skelett ist ein einfaches Holzständerwerk mit Stützen, Balken und Zangen (Balken, die nichts tragen, sondern etwas zusammenhalten). Aber auch Wände und Decken sind aus Holz, die Möbel, selbst viele Lampen: Entwürfe des Bauherrn. Wo immer es sich anbot, wurden Möbel eingebaut. Aber der Witz dieses Hauses, das zuerst mit seinem tief herabgezogenen Schleppdach auffällt, ist sein Grundriß, und das heißt in diesem Falle: das Bestreben, Gemeinschaftliches zu ermöglichen und Individuelles zu respektieren. Es gibt ein Wohnzimmer, das zugleich Küche, Eßzimmer, Spiel-, Musikzimmer ist und allen gehört, und es gibt für jeden in der Familie, für die Mutter, den Vater und für jedes Kind, ein eigenes Zimmer. Das hat unter anderem einen ganz praktischen Grund: Der Vater spielt Cello und Flöte (und musiziert in einem Flötenquartett), die Mutter spielt

Geige und Bratsche (und ist Mitglied eines Streichquartetts), die Kinder folgen den Vorbildern, also braucht jeder einen Übungsraum, wo er die anderen nicht stört (und nicht hört).

Das Haus liegt am Hang, und so betritt man es von der Straße her in der Mitte, die zugleich das Familienzentrum enthält. Aber zunächst nimmt man das vorn rechts bis auf die Erde herabreichende, schräg »abgeschleppte« Krüppelwalmdach wahr. Das ist kein folkloristisch zu erklärender, sondern ein praktischer Einfall: Das weit ausgreifende Dach bildet hier einen Raum, den man als Schuppen oder Vestibül empfinden kann, als Eingangsflur, Vorhalle oder Vorhof. Bei Regen gibt er den draußen spielenden Kindern Schutz, er ist Abstellplatz für Kinderwagen, Gummistiefel, Schlitten, Fahrräder und alles mögliche andere. Wer sich nicht auskennt, braucht eine Weile, den Eingang als Eingang zu erkennen, die Klingel zu finden und die richtige Tür zu wählen. Die erste führt nämlich in eine Art von Einliegerwohnung, die zweite führt ins Haus, und das heißt hier, in die große, helle, einladend

freundliche, ja heiter wirkende Diele.

Sie formuliert die Stimmung, die das Haus kennzeichnet, und deshalb wird sie von allen, nicht zuletzt von den Kindern, geliebt. Sie ist zwei Stockwerke hoch, an der Seite führt die Treppe – durch einen spielerischen Torbogen – ins Obergeschoß, darunter öffnet sich die Treppe ins Untergeschoß, mit Hilfe einer wiederum spielerischen Erfindung: Man stößt mit dem Fuß gegen eine Leiste, die federnd die Klinke aufschiebt; die Tür klappt federleicht auf und dreht sich in der Mitte. Wie der Fußboden mit Teppich bespannt, ist sie, geschlossen, nichts anderes als eben dies: Fußboden. Belichtet wird die Diele durch ein großes Fenster im schrägen Dach. Es ist innen verglast, außen mit Glasziegeln gedeckt, so wie alle Dachfenster. Die Ziegel sind regen-, aber nicht luftdicht. So wird es niemals unerträglich heiß. Doch bisweilen weht Staub herein, aber das ist kein Problem: Schrauben lösen, Leiste abnehmen, Scheibe herausnehmen und säubern, wieder einsetzen. Das nächste Mal, sagt der Architekt, bringe er Scharniere an.

41

Die Diele gehört allen, erst recht das Wohnzimmer, das dahinter die ganze Breite des Hauses einnimmt. Der Blick geht auf den Überlinger See hinab und auf den Bodensee hinüber. Es ist der Mittelpunkt der familiären Geselligkeit. So versteht es sich beinahe von selber, daß an der Seite die Küche dazugehört und, ihr benachbart, der Eßtisch, der, wie man hört, der beliebteste Sitzplatz sei. Stören die Gerüche vom Herd? »Was wir kochen«, entgegnet die Hausfrau, »das lieben wir.«

Die Einzelzimmer für jedes Familienmitglied – zusammen sechs – verteilen sich auf alle Etagen. Zwei Kinderzimmer sind in der Hauptetage, zwei im Obergeschoß, wo sich auch das Zimmer des

seine Plausibilität ist. In seiner Einfachheit drückt sich auch das Bekenntnis des Architekten zum »natürlichen Bauen« aus.

Deshalb hat er es aus Holz gebaut, einem Werkstoff, mit dem er durch die Schreinerfirma seines Vaters vertraut geworden ist; deshalb hat er darin soviel wie möglich aus Holz gemacht. Deshalb wurde das Dach an den Seiten tief herabgezogen: Witterungsschutz. Und es kragt im Süden weit aus, um fast zwei Meter: Die Sommersonne wirft kühle Schatten, die Wintersonne dringt wärmend ein. Gegen die Kälte am Fenster gibt es altbekannte Vorrichtungen, schwere Vorhänge, bespannte Rahmen, die man vors Fenster herabziehen kann, aber auch dies: Die Sitzbank-

Vaters befindet; er hat, im First, den besten Ausguck. Die Mutter wohnt im Untergeschoß; über eine simple Stiege von drei, vier Stufen ist sie im Garten. Nebenan gibt es noch einen Raum, der die Familienwerkstatt aufnimmt. Zwar wurde nicht an Badezimmern gespart, dennoch ist es ein sparsames, simpel konstruiertes Haus, dessen Eigenart

lehne ragt über das Fensterbrett hinauf, damit die Fallkälte dahinter gefangen und gewärmt wird, ehe sie ins Zimmer aufsteigt. Geheizt wird das Haus mit Öfen, in denen tags Abfallholz aus der Tischlerfabrik, nachts Briketts verbrannt werden. Das Wohnzimmer, erfährt man, brauche sogar im Winter nur selten geheizt zu werden, das Haus sei »so

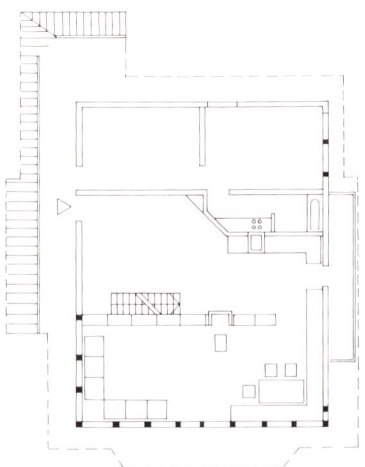

warm«, es habe lauter Oberflächen, die die Körperwärme reflektieren, nirgendwo kalte Materialien, nur Holz, Stoff, ein paar Kachelwände, wo man sie braucht.

Und so sind auch nur Mineralfarben verwendet worden. Ihre Tönungen fallen schnell auf. Das ganze Haus ist damit gestrichen, innen und außen. In der Diele und im Wohnzimmer wurde das Holz mit holzähnlichen Farben bemalt, in gelblichen, auch rosa Tönungen. In den Zimmern der Eltern findet man blasses Grau, das mal bläulich, mal rötlich schimmert. Es schimmern überhaupt alle Anstriche, weil sie titanweiß grundiert sind und weil das Weiß hindurchleuchtet: Es gibt den Farben einen glasigen Glanz. Um sie ja nicht zu perfekt, zu

Käfer, Holzwürmer? »Ach«, sagt der Architekt, »was soll man da schon machen? Und was einen Borkenkäfer umbringt, wird einem Menschen nicht unbedingt guttun.« Jahrtausendelang seien die Menschen bei ihren Holzhäusern ohne Chemikalien ausgekommen. Der beste Holzschutz sei die richtige, gut hinterlüftete Konstruktion, und das Stirnholz darf, wie man wisse, »nicht im Wasser stehen«. Die tragenden Teile des Hauses wie die Fassade wurden lediglich mit Boraxsalz behandelt.

In Cluvenhagen bei Achim, unweit von Bremen, steht inzwischen ein verwandtes Haus von Hans-Peter Burkhardt. Seine Konzeption ist ganz ähnlich, bis ins Dach. Hausmittelpunkt ist da eine

überall »das Getrappel« hört. Der Fußboden ist mit Ziegelplatten gepflastert. Geheizt wird das Haus über drei Hypokausten, das sind senkrechte Hohlziegelmauern, durch deren Kanäle die Warmluft zirkuliert: eine Strahlungsheizung. Auf seiner Südseite ist dieses Haus wie sein Überlinger Vorbild ganz symmetrisch gegliedert. Hier in Cluvenhagen macht die spielerisch gegliederte Fassade mit einer Art von Thermenfenster auf sich aufmerksam, in Überlingen fallen einem unweigerlich die eigenwilligen Sprossenfenster auf. Hans-Peter Burkhardt erklärt sie so: Man brauche in einem Fenster immer eine große Fläche, um ungestört hinausblicken zu können; sie ist von kleinen Flächen umgeben. Keine

geschlossen wirken zu lassen, wurde »in Wolken« gestrichen. Die Fensterrahmen außen sind moosgrün bemalt, aber die Farbe verwittert allmählich – und verschieden schnell – und wird Grünbraun. Nach einem alten Rezept war den Farben Joghurt beigemischt.

Wurde das Holz gegen Feuer imprägniert? Nein. Gegen Insekten,

große, hohe, durch das Fensterdach strahlend erhellte Wohnhalle, aus der eine Treppe hinauf in die Zimmer, eine in den Keller und in den Garten hinabführt. Die Holzbalkendecken sind hier mit Kalksand gefüllt, um den Trittschall zu bremsen – eine Erfahrung, die der Architekt aus seinem Haus am Bodensee gewonnen hat, wo man

Frage, daß dahinter der – auch zum Spielen aufgelegte – Wille zu einer unverwechselbaren, also persönlichen Gestaltung zu erkennen ist. Am Anfang freilich stand nicht das Bemühen um eine aus dem Rahmen fallende Architektur; sie hat sich in allen Details vor allem aus sehr praktischen Überlegungen entwickelt.

## Einfach und großzügig wie eine Scheune

Haus in Ohlstadt
Architekt: Dipl.-Ing. Sampo
Widmann
Baujahr: 1981

»Soll ich etwas tragen helfen?«
»Danke, nein«, war die Antwort,
»nur die Rosen, bitte.« Sie gehör-
ten mit zum Kaffeetisch, der draußen auf der Terrasse am Haus
gedeckt war: nicht wichtig, aber
unentbehrlich, duftendes Signum
einer häuslichen Kultur, die man in
jedem Winkel dieses an Winkeln
reichen Hauses bemerkt, ohne daß
es deswegen mit Krimskrams über-
laden wäre. Ganz im Gegenteil,
dieses Holzhaus hat seine Großzügigkeit so, wie sie vom Architekten
konzipiert war, behalten.

Es liegt auf einem leicht abfallenden, wellig bewegten, von Bäumen akkompagnierten Grundstück,
einem Erbstück. Der Architekt hat
die Schwierigkeit des Terrains in
Vorzüge umgedeutet und das Haus
eingepaßt. So liegt, zum Beispiel,
die Küche im hinteren Teil des
rechteckigen Hauses ein halbes
Stockwerk tiefer als das Erdgeschoß
mit dem Wohnraum, so daß sich
die Wiese am Haus für eine kleine
Küchenterrasse nutzen läßt. Die
halbgeschossige Versetzung wird
nach oben hin fortgeführt: mit dem
Schlafzimmer, mit einem kleinen
Dachzimmer.

Eigentlich ähnelt das Haus
einem Heustadel, einer Scheune –
etwas, das die Gemeindeverwaltung
genauso wenig mochte wie die
blaue Farbe der Fenster, Türen und
Balkons. Ihr hätte der Sinn mehr
nach einem »richtigen«, also aus
Stein gebauten oder in Beton
gegossenen und verputzten Haus
gestanden. Auf den Dörfern findet
man gewöhnlich schön, was die

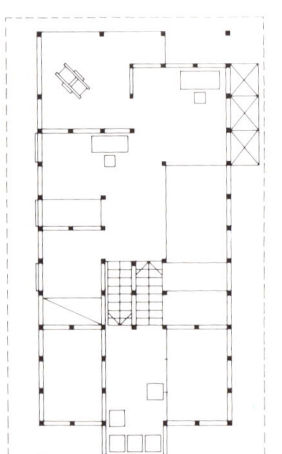
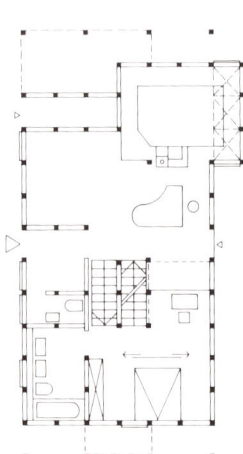

ästhetisch verwilderten Vorstädte massenhaft verseucht.

In der Einfachheit des quaderförmigen, sich nach hinten halbgeschossig aufgliedernden Baukörpers jedoch lag die Chance seiner eigenwilligen Aufteilung im Innern, seiner Durchsichtkeit, besser: seiner Durchschaubarkeit. Denn eigentlich besteht das Haus nur aus einem großen rechteckigen Raum, in den das zweite Geschoß mit Treppe, Galerien, Geschoßdecke gleichsam hineingeschoben ist; nur nach Osten hin fächert es sich halbgeschossig auf, aus den zwei Geschossen werden drei. Das Schlafzimmer dort mit seiner japanisch anmutenden Schiebetür und ein Gästezimmer sind, wie das Bad, die einzigen Räume, die man schließen kann. Noch die Treppen- und Galeriegeländer sind transparent; sie haben weder Füllungen noch Stäbe, sondern Netze. Ist das nicht zu viel Offenheit? »Wenn wir viel zusammen wären«, sagt die Lehrerin, deren Mann als Sanitäringenieur tagsüber in einem anderen Ort arbeitet, »müßte man schon mehr für sich sein können.« Und wenn Kinder kommen sowieso; dann würden sie im ersten Stock über dem Wohnzimmer eine Wand einziehen.

Seinen Reiz bekommt das Wohnzimmer durch die Nischen, die es bildet, besonders durch die leicht in den Boden eingelassene Sitzecke auf der Westseite, die obendrein durch einen Glasvorbau erweitert und vor die Fassade gezogen ist. Man kann am Haus entlanggucken. Hier vorn, an der Giebelseite, ist auch eine schmale, um die Ecke bis zum Eingang reichende Terrasse angelegt, ein Lattenrost. Im ersten Stock hat sich die Bauherrin eingerichtet. Sie hat, genau über der Terrasse, einen Balkon mit einer hübschen Brüstung und kriegt durch ein großes, bis unter das vorkragende Dach reichendes Fenster viel Licht. Es gibt kein genormtes Fenster in diesem Haus, jedes wurde für seinen Platz in der Wand und für das jeweilige Zimmer bemessen und angefertigt. Alle Fenster gehen nach außen auf, stürmischer Wind drückt sie zu. »Dafür muß ich«, sagt die Hausfrau, »halt mit der Leiter ums Haus laufen, um sie zu putzen.« Gleichwohl lasse sich das Haus leicht pflegen. Selbst das Badezimmer ist mit Holz ausstaffiert; man braucht keine Kacheln zu putzen, und niemals beschlägt der Spiegel.

Das Haus mißt etwa 135 Quadratmeter an Wohnfläche. Gekostet hat es um 275 000 DM – nicht besonders viel. Wer darin nach einem Zeichen von Gemütlichkeit sucht, das auch den Gemeindepolitikern zusagt, entdeckt es außen am Haus, unweit des Eingangs: Scheite, gestapelt, für den Kamin.

## Wohltuend opulenter Räumeraum

Haus in Hebertshausen bei Dachau
Architekt: Dipl.-Ing. Walter Mühlbauer
Baujahr: 1976

Der Architekt erinnert sich an einen Passanten, der seine ästhetische Aversion mit der Bemerkung »Bombe rein!« ausdrückte. Ein Blechhaus! Dabei macht das verzinkte Blech, mit dem das Dach und die Fassaden überzogen sind, einen ganz ruhigen, trotzdem lebendigen Eindruck. Erstens ist das Grau, wenn man nur genauer hinschaut, sowenig nur grau wie ein bergiges Geröllfeld im vulkanischen Island, sondern voller Farben; man erkennt unschwer rosagrün-graue Töne. Zweitens gibt die Umhüllung dem Haus mit seinen gegeneinander versetzten oder parallelen Pultdächern Geschlossenheit, etwas, das der Bebauungsplan mit dem Verlangen nach nur einem Baukörper auf diesem Grundstück ausdrückt und was der Architekt auf originelle Weise interpretiert hat: als einen vielgliedrigen, lebendigen Komplex von Häusern im Haus, ein Häuser-Haus, das, dementsprechend, im Innern einen großen, mit anderen Räumen ergänzten Räumeraum bildet.

Ein Anlaß war vor allem das Grundstück, ein gewöhnliches, durch seine verschiedenen Neigungsbewegungen zur Straße und obendrein zur Seite hin schlingerndes Gelände, das – schon weil es sehr teuer war – vollständig ausgenutzt wurde. Der andere Anlaß der architektonischen Konzeption war, der sich doch verändernden Familie und ihren sich wandelnden individuellen Bedürfnissen, auch ihrem Verlangen nach Rückzug, genügend Raum zu geben. Es ist gleichwohl

ein unerhört preiswertes Haus geworden. Die reinen Baukosten betrugen – bei fast 300 Quadratmetern (möglicher) Wohnfläche und einem Volumen von 1370 Kubikmetern nur 280 000 DM; die Holzkonstruktion ist darin mit 26 000 DM enthalten. Aber eben dies, das preiswerte Bauen, war das Stimulans der architektonischen Idee.

Es tut gut, dazu den Architekten zu hören. »Fast immer«, beklagt er, »wird der gängige 08/15-Stil mit dem engen finanziellen Budget entschuldigt«, sofern man nicht, wie andere Hebertshausener Siedler, sogar stolz darauf ist. Viele Mieter und Häuserbauer lassen dieses übliche architektonische Einerlei stumpf über sich ergehen, oft merken sie es nicht einmal. Bei vielen Menschen, sagt Walter Mühlbauer, sei das Gefühl für Material, für einen Raum oder für Freiraum, für Wärme und Kälte einer Umgebung, für Harmonie, Ausgewogenheit und wohltuende Ordnung verkümmert. Aber, sagt er weiter:

»Man kann ökonomisch bauen und dennoch Wohnräume so gestalten, daß sie sich einer familiären Vergrößerung oder Verkleinerung oder anderen veränderten Bedürfnissen leicht anpassen lassen.«

»Man kann sparsam bauen und dazu ein individuelles Mitgestalten in den eigenen vier Wänden ermöglichen.«

»Man kann preiswert bauen, wenn ein gezielter, sinnvoller Einsatz des Handwerks gewählt wird, der den bekannten Zwischenhandel der ›Bau-Treuhänderschaft‹ ausschließt.« Eine böse, von vielen gemachte Erfahrung: daß die gemeinnützigen Bauträger das durch den gescheiten Entwurf des Architekten gesparte Geld mit ihrer Verwaltung oder brachialen Marktgewohnheiten verbrauchen.

»Man kann«, fährt Walter Mühlbauer fort, »seinen individuellen, phantastischen Traum vom eigenen Reich realisieren, wenn

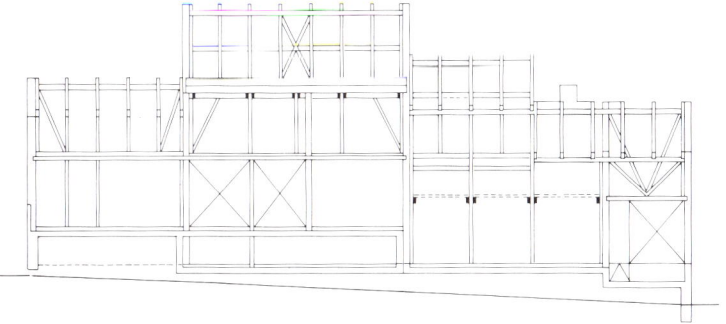

man sich nicht mit dem ›Üblichen‹ zufriedengibt, wenn man Mut hat, die verhängnisvollen Klischees über Bord zu werfen.«

Architekten und Bauherren, die das wissen und danach handeln, kommen infolgedessen fast von selber »zu einem Prozeß der partizipatorischen Planung« die vor allem dieses Haus geprägt hat. Erste Aufgabe war es gewesen, das Gebäude als »geschlossene, heizbare Raumhülle« zu errichten. Also: das Haus als die Werkstatt, in der es selber, das Haus, von seinen Bewohnern *peu à peu* vollendet werden konnte. Nein, die Bauherren waren keine gelernten Handwerker; sie wollten nur Geld sparen, schon um den Preis des Grundstücks zu kompensieren, und sie hatten Lust zu handwerklicher Arbeit. Sie merkten dabei sogar, daß es ihnen Spaß machte und daß sie überraschend geschickt waren, die Ärztin, der Pharmakologie-Professor, die beiden großen Kinder.

»Das Haus als witterungsbeständiger Arbeitsraum« war rasch errichtet. Die »Holz-Scheunenkonstruktion« war über und neben einem von der Feuerpolizei verlangten massiven Baukern schnell errichtet. Sie war so konzipiert, daß Zimmerleute und Klempner aus der Gegend damit zurechtkamen. Das Holzskelett ist in Innen- und Außenwänden mit Mauerwerk ausgefacht; das wurde so sauber hergestellt, daß es gleich weiß gestrichen werden konnte. Der Boden ist mit braunen Keramikplatten ausgelegt, das Holz ist dunkelgraugrün lasiert, auf den Treppen erkennt man eine rötliche Lasur.

Mittelpunkt des Hauses ist der zweigeschossige, bis ins Dach reichende Wohnraum: vielfältig gegliedert, voller Aus-, Durch- und Einblicke; wer auf der Treppe steht und hinabblickt, sieht auch in die Küche und durch sie hindurch. Das Holzskelett, das sich hier wie in alten Scheunen zeigt, legt die Möglichkeit zu späteren Veränderungen nahe. Da es im Hause keinen Keller gibt, befindet sich die Werkstatt im ersten Stock. Es versteht sich von selbst, daß jedes Familienmitglied seine eigenen Arbeits- und Schlafzimmer hat. Im ersten und im zweiten Stock türmt sich das »Haus« der (erwachsenen) Kinder, sie haben auch eine Wendeltreppe außen an der Gartenseite. In ihren wie in anderen Zimmern sind Schränke und weitere Einbauten, Möbel, auch Treppen selber gebaut worden.

Das teure Grundstück hatte gleichsam dazu aufgefordert, es vollständig auszunutzen, soweit es das Baurecht erlaubte, und dabei auch Raum auf Vorrat zu bauen. Als das Haus fürs erste fertig war, maß man darin »eine nach den Richtlinien des steuerbegünstigten

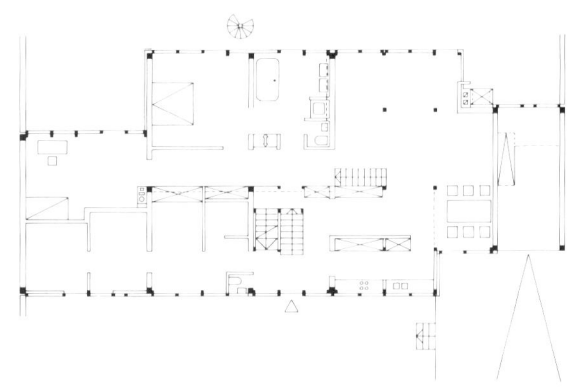

50

Wohnungsbaus ausgewiesene« Wohnfläche von 219 Quadratmetern. Wird es notwendig, den Raumvorrat des Hauses gänzlich zu nutzen, werden es 290 Quadratmeter sein. Das Haus kann halbiert werden, das ist von Anfang an mit vorgesehen.

Es ist ein sehr praktisches Haus, und es hat viele Passagen, die sympathisch sind. Dazu gehört das Badezimmer mit seiner großen, gemauerten ovalen Wanne und der Tür zum Garten, dazu gehört auch der topographisch leicht bewegte Garten mit seiner originellen, mitunter exotischen Flora und einem Gemüsegarten. Dies alles im Sinn, sind die Baukosten von nicht einmal 300 000 DM für dieses fast 300 Quadratmeter messende Haus alle-

mal eine Überraschung. Aber das gehört wohl auch mit zur »Kunst« der Architekten, sagen wir zur Idee dieses Hausbaus, bei dem der Entwerfer und Kalkulator, die Handwerker und die Bauherren Hand in Hand gearbeitet und eben dies hervorgebracht haben, was gewünscht war. Die Stimmung des Hauses drückt sich am besten in der Formulierung des Architekten aus: »Die metallene Außenhaut verrät nur an den großen Öffnungen die Holzskelett-Konstruktion. Sie gibt dem Innern eine Atmosphäre, wie sie alten Bauten eigen ist: sehr einfach, wenige Materialien, simple Konstruktion, durch Einbeziehung des Daches in den Wohnraum dazu eine wohltuende Raumopulenz.« Viel Raum ist etwas sehr Schönes.

## Mitdenken, mitplanen, mitbauen, miteinander leben

Reihe von sechs Häusern im
Münchner Stadtteil Alt-Perlach
Architekten: Dipl.-Ing. Ralph und
Doris Thut
Baujahr: 1977/78

Es hatte zwar keinen Skandal gegeben, aber es war eine große Überraschung, als die Juroren des von
der Ruhrgas AG gestifteten, zu großem Ansehen gekommenen Deutschen Architekturpreises ihre Entscheidung für das Jahr 1979
bekanntgaben. Sie zeichneten
weder ein elegantes Bankhochhaus
noch eine mit geschliffenen Details
versehene Villa, weder eine neuartige Fabrik noch eine transparente
Stadthalle aus. Sie setzten einem
Aschenputtel die Krone auf, einer
Gruppe von sechs Reihenhäusern
aus Holz, lieb und ärmlich, derb
und gebastelt, auch puritanisch
anzuschauen, mit vielen Zeichen
der Unvollkommenheit. Tatsächlich
war auch gar nicht ausgezeichnet
worden, was man landläufig »Archi-

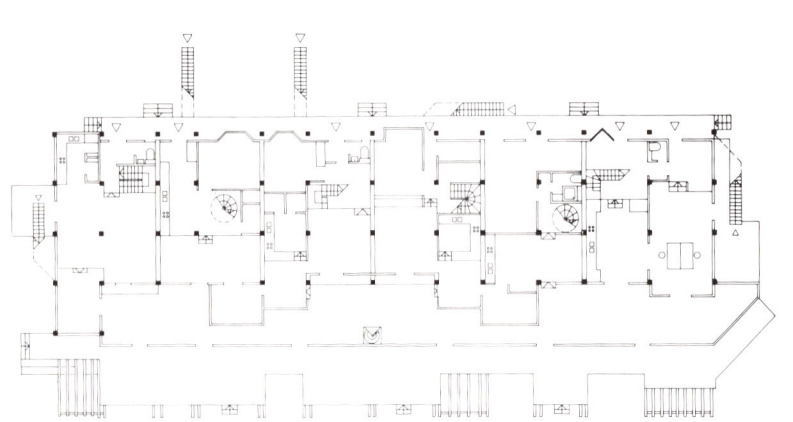

tektur« nennt, sondern eine Idee, ein Entstehungsprozeß, eine ungewöhnliche Art, auf die Gemeinschaft einer Gruppe (von Bauherren) zu bauen und die Individualität der einzelnen zu achten. Die Hoffnung auf Gemeinsamkeit war, wie sich später zeigte, trügerisch; die Unternehmung blieb einmalig. Und diese Häuser sind nur denkbar durch die Verwendung von Holz für die Konstruktion und den Ausbau, das beste Material, das Häuser erlaubt, die vom Architekten vorgedacht, entworfen und sachgerecht konstruiert, von den Bauherren aber mitgeplant, vor allem mitgebaut werden können.

Doris und Ralph Thut – sie ist Österreicherin, er Schweizer – begründen ihr Projekt so: »Bei uns werden Wohnungen für eine typisierte und zudem veraltete Form der Familie geplant und gebaut. Es wird ignoriert, daß sich die Familie oder alle Bewohner aus sehr verschiedenen, eigenständigen Individuen zusammensetzen. Sie haben unterschiedliche Neigungen, Bedürfnisse, Vorstellungen von der Welt, üben verschiedene Tätigkeiten aus und befinden sich in verschiedenen Entwicklungsstadien. Die Wohnungen aber sind aneinandergereihte, normierte Zellen, die Bewohner bleiben darin meist anonym und isoliert. Es gibt keine Anlässe zur Kommunikation mehr; sich selbst kreativ in der Gesellschaft darzustellen, ist nicht erwünscht. Was bleibt, sind leere, verarmte Wohnghettos. (Hier zeigt

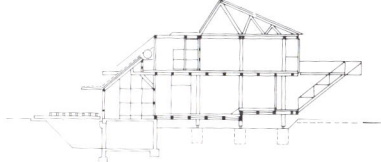

sich, daß in unserer Gesellschaft das Subjekt noch niemals ernst genommen wurde, sondern nur das Privateigentum.) Die Bewohner flüchten in einen wahren Konsumtaumel, um ihre unbefriedigten Bedürfnisse zu verdrängen. Viele erfahren . . ., daß materieller Wohlstand allein nicht befriedigt, nicht ›Wohnen‹ ist.« Schlimmste Gefahr ist »das verdrängte Tun«.

Tun war denn auch eine wichtige Vokabel der Architekten, weil nur »diejenigen, die mitplanen und mitbauen, eine andere Beziehung zu ihrem Haus entwickeln können als jemand, der bloß ein fertiges Produkt kauft« und dann einzieht und versucht, darin zurechtzukommen. Ralph und Doris Thut waren damals »Architekten ohne Geld«, wenngleich alles andere als unerfahren. Sie fragten Freunde und fanden Widerhall mit ihrer Idee des gemeinsamen Entwerfens, Finanzierens, Bauens.

Die Konzeption ihres Projekts entstand 1974; sie war entscheidend durch die Frage angeregt worden, wie die Subjektivität der Bewohner in den Planungsprozeß einbezogen werden könnte. Hinzu kamen öko-

nomische und soziale Überlegungen der Architekten, nicht zuletzt ihr Wunsch, sich selbst die Freiheit zu verschaffen, die sie interessierte. Sie sahen sich auch in Kalifornien die phantastischen *Do-it-yourself*-Paläste und -Hütten an, die sich Zivilisationsflüchtlinge dort errichtet hatten. Sie begannen gleich nach der Rückkehr, gegen 1975, ein »Standardbuch« anzulegen, in dem sie Konstruktionen, mögliche Materialien und Kosten für ein »flexibles und einfaches bautechnisches Konzept« verzeichneten.

Zuerst trafen sich vierzig bis fünfzig Interessenten drei Jahre lang wöchentlich. Alle waren aufgerufen, ein »Regiebuch« zu führen, eine Collage aus Bedürfnissen, Vorstellungen, Wünschen, viele unerfüllbar, ein Märchenbuch vom Bauen und vom Wohnen. Die Architekten versuchten unterdessen die ersten Vorentwürfe. Um die Baukosten so niedrig wie möglich zu halten, weil, wie sich bald herausstellte, viele zu wenig Geld hatten, entschieden sie sich für Materialien, die der Baustoffmarkt bereithält, die sich einfach zusammenfügen, mit normalem Hand-

werkzeug bearbeiten und leicht montieren lassen. Sie konzipierten ein Holz-Rahmensystem, das äußerste Flexibilität gewährt und noch beim Bauen, sogar beim Wohnen später Änderungen erlaubt. Sie entwarfen ein Holzskelett, das mit allen Installationen eine Firma aufstellte und dann von den Bewohnern mit Wänden, Decken, Fenstern, Treppen und so weiter versehen wurde. Nach nur neun Monaten Bauzeit zogen sie ein, 1978.

Die Suche nach dem passenden Grundstück hatte lange gedauert. Manchmal war es zu teuer, manchmal war Mitspielern die Gegend zu häßlich, manchmal standen örtliche Bebauungspläne mit ihren bisweilen irrwitzigen, ja menschenfeindlichen Vorschriften über Baudichte, Gebäudeform, Nutzung dagegen. Schließlich fand die Gruppe – zu der sich, als es ernst geworden war, sechs Parteien zusammengetan hatten – den Bauplatz in Alt-Perlach. Sie bekam ihn in Erbpacht; der Eigentümer wohnt nebenan.

Allmählich waren nun auch die die Phantasie anregenden Träume aus den »Regiebüchern« mit der Realität angefreundet, aus Luftschlössern Reihenhäuser mit 100 bis 140 Quadratmetern Wohnfläche geworden. Jeder hatte solange wie irgend möglich selber an den Grundrissen gezeichnet, hatte Wände verschieben, Treppen und Fenster plazieren, Zimmer auf die Familienmitglieder verteilen müssen: Die Architekten hatten es so verlangt. Sie verstanden sich bis dahin mehr als Berater und Korrektoren denn als Entwerfer. So ist auch ihr Satz wichtig: »Für uns Architekten ist dieses Experiment nicht nur ein Beitrag zum Wohnen, sondern vor allem der Versuch einer Umorientierung der klassischen Berufsausübung, die den Architekten immer stärker zum Erfüllungsgehilfen rein ökonomischer Interessen werden läßt.« Schöpferische Kraft des Architekten

und hinten vielerlei Gesichter nebeneinander, ohne daß das eine das andere zu stören vermöchte. Jedes der sechs Häuser ist eines im Haus, in der Reihe, und eines für sich. Ein jedes fügt sich im Innern den Lebensgewohnheiten seiner Bewohner, im Äußeren zeigen sie schon deren elementare Gestaltungsvorlieben: Jedes Haus sieht anders aus, hat andere Fenster, andere Balkons, andere Erkerfenster, also auch andere Grundrisse. So hat der Bau auch kein fein ausgearbeitetes, womöglich geschliffenes *finish*. Alle Details fallen mit barocker Schwelgerei auf, vieles widerspricht dem Üblichen, aber es spricht. Der Bau ist ruppig, seine Details sind grob, manchmal entwaffnend simpel: Schiebefenster

hängen an Schienen, die nicht eingelassen, sondern aufgeschraubt sind; Schiebetüren und Klappfenster werden mit Kistenverschlüssen festgeklemmt; die rahmenlosen, deshalb sehr billigen Fenster wurden mit selbst gesägten Aluminiumprofilen an die Wand geschraubt und winddicht versiegelt. Die Verbindungsteile der Holzkonstruktion sind industriell gefertigte Metallbeschläge, welche die zimmermannsmäßigen Verbindungen (mit Zapfen, Dübeln und so weiter) fast überall abgelöst haben. Man soll das auch sehen.

Die Architekten weisen auf einen Aspekt hin, der ihnen sehr wichtig ist: Sie wenden ausdrücklich industrielle Techniken an, und sie wollen auch Konstruktionen und

und »kreativer Gestaltungswille der Bewohner« müssen einander nicht ausschließen. Beide geben sich in der Häuserreihe an der Neubiberger Straße deutlich zu erkennen.

Alle Bewohner legten, wo immer es möglich war, Hand an. Fast die Hälfte der Bauarbeiten erledigten sie selber und sparten damit ein Drittel der Baukosten. Sie erwarben sich dabei mit allen Lüsten und Lasten, mit Jubel und Krächen eine anderswo nicht vorstellbare innige Beziehung zu ihren eigenen vier Wänden. Ihre Häuser sind sie selber. Als sie ihre Häuser in Gebrauch nahmen, bedeutete das für sie – wie Ralph Thut es ausdrückte –, »das Haus den Bedürfnissen unterzuordnen, und nicht, die Bedürfnisse dem Haus als Besitz unterzuordnen«. Im zweiten Fall wird das Haus in zehn Jahren so aussehen wie am ersten Tag, im ersten wird man lauter Individualitäten am Zustand jedes der sechs Häuser ablesen können, zu allererst an der Fassade.

Zusammengehalten von einer überzeugenden, funktionalen, einfachen Struktur, die sich aus dem Holzskelett ergab, erlauben sie vorn

Ästhetik davon geprägt wissen. So entdeckt man nirgendwo geschniegelte Glätte. Man sieht Splitter und Ritzen. Jedoch sind Schall- und Wärmeisolierung perfekt. Man hört kein Kindergeschrei von nebenan, zum Heizen genügt die halbe Energie. Der sparsame Energieverbrauch ist auch den Luftkissen zuzuschreiben, in die das Haus verpackt ist: Der Dachstuhl, nur zu einem Drittel ausgebaut, und der halbe Keller sind im Sommer offen, sie werden durchweht, sie kühlen; im Winter werden sie geschlossen, so daß die Luft darin steht und als Polster wärmt.

Doch was die 45 Meter lange Reihe von Häusern eigentlich so preiswert macht, ist die Möglichkeit, die sie dem getrennten und dem miteinander Wohnen eröffnet. Es ist die Essenz dieser Architektur, genauer: ihrer inneren, außen wörtlich ablesbaren Gliederung, eine wunderbare Konzeption. Alle sechs Häuser sind durch ein Glashaus, eine Art von Verandastraße hinten, auf der Südseite, miteinander verbunden. Es ist als öffentlicher Raum konzipiert, teils Innenweg, teils Hauswirtschaftsbereich, teils Spielplatz, es ist auch der zweite Eingang zu den Wohnungen. Jeder kann sein Glashaus nutzen, wie er will. Hinter dem Glasgang schließen sich die geselligen Familienräume an, Küche, Eßzimmer, Wohnzimmer. Das Obergeschoß hingegen, das zum Teil auch durch Treppen von außen erreicht werden kann, ist Rückzugsort des Individuums. Hier hat jeder, ob Kind oder Erwachsener, sein eigenes Zimmer.

Unter dem Glashausgang liegen, an einem von Autos befahrbaren langen, tiefen Hof Keller und Heizung, Werkstatt und Vorratskammer für Grundnahrungsmittel (die billig *en gros* eingekauft werden sollen) und ein Raum für Gäste oder anderes. Und es gibt einen Gemüsegarten, auch für die in der Küche gebräuchlichen Kräuter.

Viele Vorstellungen vom gemeinsamen Leben haben sich nicht erfüllt. Es ist schwer, sechs Familien unter einen Hut zu bringen, noch schwerer, sie unter einem Hut zu halten, die verschiedenen Gewohnheiten, die verschiedenen Ansichten. So findet man die einen, die meinen, es funktioniere wunderbar, und die anderen, die glauben, es funktioniere überhaupt nichts. Die einen bestaunen unbekannte Pflanzen im und am Garten, die anderen verschmähen sie als Unkraut. Das Experiment geht weiter. Aber es ist interessant zu hören, was eine Bewohnerin gesagt hat: »Ich glaube . . ., daß es die Kinder hier sehr viel besser haben als die Erwachsenen.« Ein nachdenklich machender Satz.

## Das Haus, das ein Stück Garten werden soll

Haus in Icking bei München
Architekt: Dipl.-Ing. Peter Petzold
Baujahr: 1976

Der Bericht des Architekten über sein Haus fängt so an: »Das Grundstück ist ein Glücksfall. Es liegt fünf Minuten von der S-Bahn-Station nach München (dreißig Kilometer etwa nördlich). Mit seiner Südostseite grenzt es an die bewaldeten Hänge zur Isar.«

Nun muß man ergänzen, daß das so beneidenswerte Grundstück selber ein Stückchen Landschaft war und deswegen möglichst wenig gestört werden sollte. So versuchte der Architekt, der hier sein eigener Klient war, eine Symbiose zwischen Natur- und Kunstwelt. Einfacher gesagt: Das Haus, seine Zimmer sollten mit dem Garten eine unmittelbare Beziehung eingehen. Aus der Topographie des Landstücks, das nach Osten wie nach Süden abfällt, »ergaben sich«, wie er es zurückhaltend formuliert, »eine Reihe abgestufter Höfe und Gartenräume«, gewissermaßen Außenräume, die die Fortsetzung der Innenräume draußen darstellen. Alles, was sonst Garten war, »blieb ein Stück Wiese am Waldrand« – eine sympathische Haltung.

Aber der Architekt fährt fort: »Die Bewegung der Landschaft geht durch das Haus; es sind vier unterschiedlich gestufte Ebenen, von welchen jede eine Entsprechung in den Gartenräumen findet.« Die Konsequenz lautet: »Das Haus ist eigentlich nicht wichtig, genau gesehen, gibt es keine Architektur« – von der Straße sei es kaum zu sehen; an den Hang gelehnt, werde es von den großen Bäumen und den rankenden Pflanzen noch einmal im Garten versteckt. Wenn es eine Idee für dieses Haus gebe, dann die, daß es ein Stück Garten werde.

Das ist architektonische Poesie, die freilich eine poetische Architektur zur Voraussetzung hat: ein Haus, aus vollem (nicht verleimtem, teurerem) Holz konstruiert und folglich variabel, die Stützen stehen im Abstand von dreieinhalb

Metern. Das Holz ist schwarz gebeizt, seine Farbe nimmt, verwitternd, dunkelbraune Töne auf; es bildet einen erfrischenden Kontrast zu den verputzten, blendend weiß gestrichen Ziegelwänden im Erdgeschoß. Im Stockwerk darüber sind die Wände aus Fachwerk, und das ist mit Holz verkleidet. Oben sitzen zwei verschieden hoch zur Mitte aufsteigende Pultdächer.

Der Grundriß ist großzügig gegliedert, er ist praktisch. Über dem Wohn- und dem Eßzimmer reicht der Raum bis ans Dach, man blickt von einer Galerie hinab in und durch den kleinen, schmalen Wintergarten davor. Beim Ineinander der Räume vor allem im Erdgeschoß, die weniger durch Wände als durch Stufen voneinander abgesetzt sind, denkt man selbstverständlich an japanische Häuser, ihre Geometrie, ihren Schwarzweiß-Kontrast, ihre klare Einfachheit. Der Architekt selber gibt zu erkennen, daß er sich von japanischen Räumen hat inspirieren lassen, nur daß dieses Haus sehr weiträumig angelegt ist und bewegter.
Die Nutzfläche mißt 170 Quadratmeter, der umbaute Raum 850 Kubik-

meter, das Grundstück ist 3000 Quadratmeter groß.

Dieses Haus hat – bis ins Interieur – eine selbstverständlich wirkende Eleganz; es ist in dieser Beziehung eines von denen, die ihre Modernität gelassen behaupten. Daß es Haltung hat, sagt freilich nicht, es sei von makelloser Endgültigkeit. »Wer ein Holzhaus bauen will, muß wissen«, sagt der Architekt, »daß das meist zu frische Holz sich mit der Zentralheizung schlecht verträgt, man darf nicht empfindlich sein bei Rissen oder Verdrehungen der Balken.« Man sollte es wissen – und bereit sein, die Natur des Holzes und sein eigenwilliges Verhalten zu erdulden und womöglich sogar zu genießen, bis es, in Würde gealtert und trokken, ruhig wird und dann auch zu knacken aufhört. Unvollkommenheit hat ihren Charme, und eine solche leichte, offene Holzständer-Konstruktion auch ihren Preis. Der Bauherr denkt dabei weniger an die reinen Baukosten (damals um 250 000 DM), die Nebenkosten (um 50 000 DM) und das durch Eigenleistung Ersparte (etwa 20 000 DM) als an diese Erfahrung: »Die Heiz-

kosten bekommen eine größere Dimension.« Das ist wahr: Wer mit der Landschaft leben möchte und ihr durch große, weite Fensterwände visuell Einlaß gewährt, muß die Konsequenzen gelassen tragen.

Das Petzoldsche Haus in Icking ist ein architektonisch sauber gearbeitetes Haus; es gehört sich, daß es sorgfältig geplant, daß alles aufeinander bezogen ist. Auch das Garagenhaus, das die Flanke des Eingangshofs schützt, ist mit seinen weißen Wänden und dem schwärzlichen Fachwerkaufbau von der gleichen eigensinnigen Klarheit wie das Haus, mit dem es korrespondiert – und beide Gebäude pflegen mit dem phantasievoll komponierten Garten ein freundlich-dialektisches Verhältnis.

Ist das Haus vollendet? »Irgendwo«, sagt der Architekt, »gab es fast jedes Jahr eine kleine Baustelle. So wuchs und veränderte sich das Haus mit uns – und vielleicht veränderte auch uns das Haus, unmerklich.«

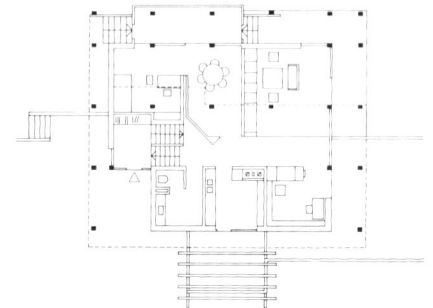

## Siebzig Prozent Glas

Haus in Koblach, Vorarlberg
Architekten: Dipl.-Ing. Dietmar
Eberle, Mag. Arch. Wolfgang Juen,
Mag. Arch. Markus Koch, Norbert
Mittersteiner
Baujahr: 1981

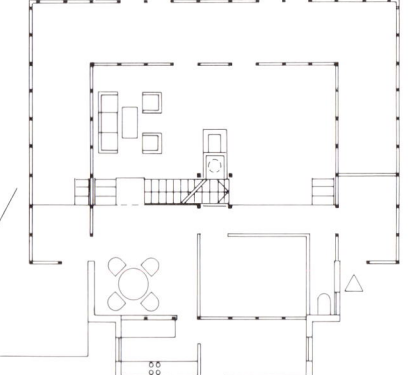

Gar keine Frage, das ist, was man ein Traumgrundstück zu nennen liebt: Unterhalb der Kirche gelegen, fällt es nach Süden sacht ab, Obstbäume geben ihm unmerklich Halt, der Blick geht – und kann nicht verbaut werden – weit ins obere Rheintal. Dicht am nördlichen Rand steht das Haus aus Holz und Glas, zwei Stockwerke hoch, ein flaches Pyramidendach obenauf. Der Grundriß – 8,10 mal 8,10 Meter – ist quadratisch. An diesen zentralen Baukörper sind auf der Nordseite die Küche und ein Wirtschaftsraum angefügt; um die Aussichtsseiten von Osten nach Westen legt sich die (gut zwei Meter breite) Glasveranda wie ein Kranz ums Haus, vom Wohnraum mit Isolierglaswänden geschieden.

Man bemerkt auf den ersten Blick die Symmetrie, ohne daß sie sich einem aufdrängt. Sie hat im Gegenteil etwas Beruhigendes, Selbstverständliches, sagen wir: Normales. Sie tut wohl. Im Innern freilich verliert sie sich in der gelassenen, funktionalen Überlegungen folgenden Gliederung des Hauses. Man betritt es auf der Westseite durch einen gläsernen Windfang, der sich in der Veranda seitlich fortsetzt, und steht dann im zentralen, in der Mitte bis ans Dach offenen Raum. Das Erdgeschoß gehört zum größeren Teil dem Wohnzimmer, es schließt sich der mit der Küche verbundene Eßplatz mit einer lauschigen Sitzecke am östlichen Ende der Veranda an, wo übrigens der Fels, auf dem das

Haus steht, nicht weggeschliffen, sondern als eine Art vorgeschichtlicher Bodenskulptur in den Raum einbezogen ist. Neben der Küche gibt es, von Wänden geschlossen, einen Abstellraum.

Genau in der Mitte des Erdgeschosses steht der gemauerte, weiß verputzte Holzofen, der für die Übergangszeit benutzt wird. Dahinter steigt die Treppe zu einer Galerie hinauf. Das Obergeschoß läßt den Wohnraum zu etwa zwei Dritteln frei; an den Seiten sind zwei Zimmer und das Bad eingerichtet. Die gesamte Wohnfläche mißt 120, die Veranda 50 Quadratmeter. Gekostet hat das Haus, das in nur drei Monaten gebaut war, um 190 000 DM, komplett »mitsamt der Stereoanlage«. Sie zu erwähnen war für den Gitarre spielenden Musiklehrer wichtig.

Die Riegelkonstruktion des Hauses ist mit Holz verkleidet, außen mit einer Schirmschalung. Siebzig Prozent der Außenwand bestehen aus Glas. Trotzdem – oder: deswegen – sind die Heizkosten auffallend niedrig. Die Heizperiode dauert nur gut vier Monate; der Strom, den die drei kleinen Speicheröfen in dieser Zeit verbrauchen, kostet nur an die fünfhundert DM. Das liegt nicht zuletzt an der Veranda, die (zusammen mit den nördlichen Vorbauten) eine wirksame Pufferzone bildet und mit ihrem schrägen Pultdach aus Drahtglas die Wintersonne einläßt. Gelüftet wird sie durch Glaslamellen-Fenster und Schiebetüren. Schatten spendet im Sommer ein großer Baum, im übrigen werden Bastmatten auf dem Verandadach ausgerollt. Während es an der Südwestecke mitunter sehr heiß wird, behält die Sitzecke neben dem Eßplatz ihre angenehme Temperatur.

## Fünf-Häuser-Dorf

Siedlung Im Fang in Höchst,
Vorarlberg
Architekten: Dipl.-Ing. Dietmar
Eberle, Mag. Arch. Wolfgang Juen,
Mag. Arch. Markus Koch, Norbert
Mittersteiner
Baujahr: 1979

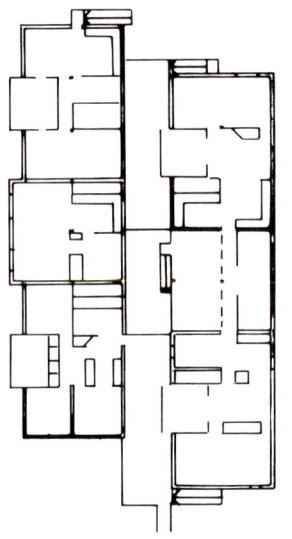

Ein paar Sätze der Cooperative
Dornbirn, zu der sich die vier
Architekten von 1979 bis 1982
zusammengetan hatten, umschreiben nicht nur die Eigenart dieser
kompakten Häusergruppe, sondern
auch eine Entwurfs-Devise: »Es
sind ganz einfache Häuser. Wir
bauen nur einfache Häuser.« –
»Wir bauen wirklich extrem sparsam.« – »Dies war der erste Versuch, von der Überperfektion weg-
zukommen, von der Glätte. Hier
haben alle Bewohner mitgearbeitet.
Hier gibt's keinen Schein, nichts,
was nicht begründet, also gebraucht
würde.« Es ist hinzuzufügen, daß es
sich nicht um fünf Einfamilienhäuser handelt, sondern um eine Häusergruppe, die sich um einen Platz,
eine glasgedeckte Straße schart wie
ein Dorf um den Anger: Alle Türen
öffnen sich auf ihn, man sieht sich,
man trifft sich, geht sich aus dem
Wege, redet – oder, das wohl auch,
streitet – miteinander, die Kinder
aller fünf Familien spielen hier,
sicher vor Regen und Wind, man
hängt bisweilen Wäsche auf, stellt
Fahrräder hier ab oder sonstwas.
Der Preis, den dieses dörfliche Beieinander verlangt, ist die große
Nähe der anderen, sind ihre Augen,
ihre Ohren, ihre Neugier oder ihr
(bedauerliches) Desinteresse. Er
wird dadurch niedrig gehalten, daß
jeder, der seine Haustür hinter sich
zumacht, sich auf geschütztem pri-
vatem Territorium befindet. Diese
Art, miteinander zu leben, hat
Erfolg, solange sich alle dessen
bewußt sind und sich danach betra-

gen – aber auch: es so und nicht
anders wollen.

Die Höchster Siedlung hat
wunderbarerweise viel Aufmerksamkeit gefunden: weil hier eine
Gruppe junger österreichischer,
meist in Wien ausgebildeter Architekten etwas vollbracht hat, dessen
andere sich eher schämen oder was
sie sich nur nicht getrauen: konstruktive Ehrlichkeit, äußerste
Bescheidenheit, größtmögliche
architektonische, räumliche Qualität. 1979 hatten sie sich zusammengetan. Als 1982 zwei von ihnen
bemerkten, daß sie im Jahr darauf
dreißig würden, beschlossen sie,
sich zu trennen, um wieder – oder
zum erstenmal – eigene Wege zu
gehen (die sie gleichwohl bei
gemeinsamen Projekten dann und
wann zusammenführen). Ihr Motiv
war, auf jeden Fall der Routine zu
entgehen. Sie hatten bis dahin, im
Verlauf von etwa vier Jahren, mehr
als vierzig Einfamilienhäuser, ein-
zeln und in Gruppen, entworfen;
nahezu alle wurden im österreichischen Bundesland Vorarlberg
gebaut.

Drei von ihnen hatte es früh-
zeitig vom Studium weg zum Bauen
gedrängt. Einer sagt: »Wir haben
im Studium nicht gefunden, was wir
wollten.« Der andere: »Wir haben
uns mehr durchs Studium gestritten
als studiert.« Sie wehrten sich auch
gegen den modischen, sentimental
verfärbten »sozialen Touch« bei
ihresgleichen und waren überzeugt,
daß Architektur auch »mehr eine
Sache des Wollens als des Wissens«
sei. Sie wollten so schnell wie möglich anfangen zu bauen.

Es war schwierig. Sie hatten
kein Geld, es fehlte ihnen an Bauherren, und wenn sie einen hatten,
verhöhnten die Behörden ihre Projekte als »hoffnungslose Träume«:
Die waren ihnen zu einfach, sie
trauten ihnen nicht. Da die jungen
Architekten nach dem Gesetz gar
keine waren, weil sie die Ochsen-
tour als Angestellte unterließen und

also nicht in die offizielle Architektenliste eingetragen wurden, führte es sie nach Vorarlberg, wo jedermann das sogenannte Planvorlagerecht für Einfamilienhäuser hat: Man muß dort, um ein Haus zu bauen, nicht eingetragener, man muß überhaupt nicht Architekt sein. Ihr erster Bauherr waren sie selber: in Höchst. Da sie kaum Geld hatten, formulierte sich ihre architektonische Idee: sparsam bauen, selber mit Hand anlegen einerseits; das kulturelle Kontinuum der Landschaft in ihren Bauten fortsetzen, sich also an die Tradition halten, ohne sich ihr zu unterwerfen andererseits. Sie bauen vorarlbergisch, aber vollständig modern, so daß ihre Häuser auch in anderen Landschaften und Ländern nicht fremd wirkten. Sie wehren sich deshalb dagegen, als Regionalisten rubriziert zu werden: »Wir lehnen den kulturellen Isolationismus ab, der neuerdings in Mode zu kommen scheint. Da sich die gesellschaftlichen und kulturellen Verhältnisse der hochzivilisierten Länder immer mehr annähern, sind internationale Gemeinsamkeiten nicht zu leugnen.« Dietmar Eberle

69

sagt, für ihn sei »ein Satteldach keine Schande«; aber ihm sei auch klar, daß Tradition reaktionär sein kann. Bisher haben er und seine Kollegen sich erfolgreich gegen folkloristische Anfechtungen zu behaupten vermocht. Das hat nicht zuletzt diesen Grund: Wenn sie entwerfen, konstruieren sie. Es ist schwer, Holz lügnerisch zu gebrauchen.

Die Zersiedlung der Dörfer vor Augen, konzipierten sie die Höchster Fünf-Häuser-Siedlung als eine platzsparende, kompakte Gruppe. Sie wollten »die Vorteile für das Individuum beim ländlichen Wohnen im Einfamilienhaus . . . verbinden mit den Interessen der Allgemeinheit«, also: flächensparend bauen, »ohne jedoch zum Geschoßwohnungsbau übergehen zu müssen«. Zu den Vorteilen der Gruppierung gehören die intensivere Ausnutzung des Grundstücks, eine dadurch höhere Wohnungsbauförderung durch den Staat, eine »Zwischenklimazone« in Gestalt eines gedeckten Innenhofes, sie spart obendrein Heizenergie.

Die Häuser sollten erschwinglich, demzufolge so entworfen sein,

70

daß sie weitgehend im Selbstbau errichtet werden konnten. So fiel die Wahl auf Holz als Baumaterial. Es ist einfach zu bearbeiten und zu verarbeiten, es verlangt weder raffinierte Maschinen noch teure Spezialisten, es erlaubt eine leichte, transparente, Veränderungen zugängliche Konstruktion, es eröffnet aber auch ein nahezu verlerntes Gebiet der architektonischen Gestaltung. In Vorarlberg ist Holz seit Jahrhunderten gebräuchlich, die handwerkliche Tradition »noch nicht völlig vergessen«.

Die fünf Häuser sind um einen Innenhof gruppiert. Er ist das wichtigste Wesensmerkmal der Siedlung. Er ist mit Glas gedeckt, also ein wettergeschützter, heller Platz. An ihm liegen auch ein Gemüsekeller, ein Abstellraum, die Waschküche, die Heizung, eine Werkstatt (deretwegen dieser Häusertrakt den parallelen auch überragt), hinten schließt sich der Vorplatz mit dem Autoabstellplatz an.

Der Einfall, die Häuser um einen verandaförmigen Hof zu scharen, übertrug sich auf die zweistöckigen Häuser selber, wo die Zimmer jeweils um ein Glashaus, eine zweistöckige »Zwischenklimazone«, versammelt sind. Dieses Glashaus basiert »auf dem Gedanken, daß die einzige Fläche eines Hauses, die dauernd von der Sonne erreicht wird, die Dachfläche beziehungsweise die Südfront ist«. Dies erst machte die sehr kompakte Anordnung möglich, aber auch, daß die Nordseite nahezu geschlossen werden konnte. Der Erfolg: Die Bewohner verbrauchen nur etwa ein Drittel soviel Heizenergie wie in durchschnittlichen Einfamilienhäusern. Und das Wetter sieht man nicht nur, wie im Schaufenster, man hört es auch auf den Glasdächern.

Die Wohnungen haben eine auffallend freundliche Atmosphäre. Das liegt nicht nur an den Glashäusern, den Sonnenlicht-Zentren aller Häuser, sondern auch an der relativen Offenheit der Grundrisse, die nur da Wände empfehlen, wo Ruhe oder Privatheit gewährt sein soll. Es liegt aber auch an den Farben, am hellen Holz zum Beispiel. Nichts hier wirkt geschleckt, eher rauh: Architektur zum Anfassen. Im ersten Stock setzt sich der gedeckte Eingang auf einer Spiel-Galerie fort, aber auch mit einer Terrasse unter freiem Himmel. Von drei Häusern gelangt man über eigene Außentreppen in die Gärten. Vier Häuser sind je 134 Quadratmeter groß, eines mißt 110 Quadratmeter. Zu jedem gehören 45 Quadratmeter Garten. Alle fünf zusammen haben etwa 500 000 DM gekostet, das ganze Grundstück um 110 000 DM. So kommen auf jeden ungefähr 120 000 DM – für ein Experiment, das niemals endet: Kinder werden groß, die Eltern älter, die einen ziehen aus, andere ziehen ein, die Gemeinschaft wird von immer neuen Umständen stimuliert, zerschlissen oder erneuert, wer weiß.

## Komparativ eines Hangs

Siedlung Backenreute in Hörbranz
Architekten: Dipl.-Ing. Dietmar
Eberle, Mag. Arch. Wolfgang Juen,
Mag. Arch. Markus Koch, Norbert
Mittersteiner
Baujahr: 1981

Unter vielen kleinen Häuser-Grup-
pen, -Clustern, -Siedlungen ist dies
die dramatischste, die raffinierteste,
aber auch die schönste. Diese vier
Häuser wirken, wenn man sie über
den Bach hinweg am Hang entdeckt, als seien sie eins. Den Architekten ist diese räumliche Komposition selbstverständlich nicht im
Traum erschienen; sie entwickelte
sich, nachdem sie das ungewöhnliche, zum Bauen scheinbar ungeeig-
nete, jedenfalls komplizierte Hang-
grundstück seitab dem Vorarlberger
Dorf Hörbranz gefunden hatten.
Sie hatten gemeinsam mit den vier
Bauherren danach gesucht, die zu
ihnen gekommen waren, um sich
von ihnen und niemand anderem
ihre Häuser entwerfen zu lassen.
Sie kannten deren (damals noch
existierende) Dornbirner Cooperative Bau- und Planungsgesellschaft,
und sie dachten daran, sich Holzhäuser zeichnen zu lassen, die,
nicht zuletzt durch eigene Mitarbeit
beim Bauen, erschwinglich würden.
    Das Grundstück muß, als es
noch unberührt dalag, abenteuerlich
gewirkt haben: ein steiler Flecken
Erde. Statische Untersuchungen
ergaben die beruhigende Gewiß-
heit, daß Erdrutsche nicht zu
befürchten seien. Regen- und
Schmelzwasser vom Hang kann
durch Röhren im Fundament abflie-
ßen. Zwar war der Preis, der für
das Grundstück verlangt wurde,
niedriger als der im Ort sonst übliche, doch das schräge Gelände verlangte dafür teure Streifenfunda-
mente aus Beton, die dann fast ein

Drittel der Baukosten verursachten.
Die wurden unsinnigerweise weiter
in die Höhe getrieben, weil die
Gemeinde nicht nur genügend
Parkplätze, sondern auch einen
Wendeplatz für die Autos verlangte. Deshalb mußte fünf Meter
weit in den Hang gegraben und
eine teure Stützmauer gezogen werden. Gemessen am Effekt der Lage
jedoch ist der Gesamtpreis – ungefähr 650 000 DM für die 130 bis 150
Quadratmeter großen vier Häuser
sowie ein Atelier und eine Altenwohnung von je 110 Quadratmetern
– kein übertriebenes Opfer: Oben
geht der Blick auf den Bodensee,
auf der anderen Seite malen sich
die Alpen an den Himmel.
    Die vier Häuser, deren unteren
beiden das Atelier und die Altenwohnung zugeordnet sind, wurden
in einem faszinierenden Rhythmus
linear und vertikal gegeneinander
versetzt. Pointiert wird die Gruppe
durch die Glashäuser, zweistöckige
Veranden, um die sich – wie in der
Höchster Siedlung Im Fang – die
(Maisonnette-)Wohnungen gliedern.
Sie sind mit einfachem Glas versehen, ungeheizt; sie laden, wenn es
die Jahreszeit erlaubt, zum Sitzen
ein, sind also ein Zimmer mehr für
die Wohnung. Im übrigen wirken
sie als klimatische Pufferzonen, als
Sonnenwärme-Sammler, vor allem
im Herbst und Winter. In die
Wände, mit denen sie von den
Wohnungen, die sie umgeben,
abgetrennt sind, ist jedoch Isolierglas eingesetzt. Drei der vier Veranden folgen mit ihren Glasdächern
den Satteldächern parallel zum
Hang. Die des vorderen Hauses
aber ist wie ein gläsernes Zwerch-
haus eingefügt: ein geistreicher Einfall, der in der maßvollen Ver-
schachtelung der Häusergruppe wie
ein Sforzato wirkt.
    Natürlich spürt man das Tem-
perament des Hangs auch im
Innern. Eine lange Treppe führt
hinauf zur gemeinsamen breiten
Diele von auffallend freundlichem

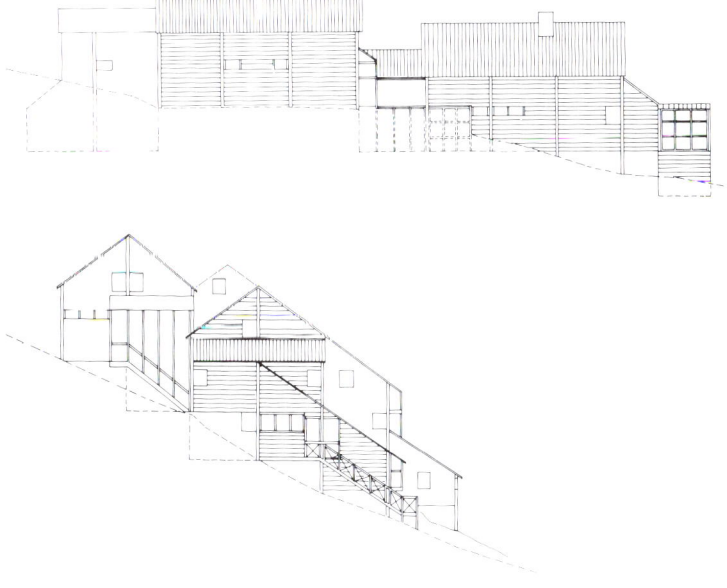

Charakter. Dieser Raum, der viel mehr ein länglicher überdachter Platz ist als ein Korridor, eignet sich auch für allerlei andere Zwecke: als Spielzimmer für die Kinder (zum Beispiel wenn es regnet oder kalt ist draußen), als Ort, einander zu begegnen oder interfamiliäre Feste zu feiern, und anderes mehr. Ob die Chance begriffen und genutzt wird oder nicht – die Architekten haben sie ihren Klienten eingeräumt. Zu dieser Diele öffnen sich auch drei Haustüren, zur vierten führt von hier eine kleine Treppe weiter hinauf.

Die Wohnungen wirken allesamt hell, sogar heiter. Ihre Attraktion sind zweifellos ihre Glashäuser: balsamisch der Blick im Sommer, bezaubernd im Winter. Die Grundrisse sind praktisch und lassen den Bewohnern die Entscheidung, wozu sie die Zimmer benutzen.

Die Konstruktion folgt dem zuerst in Höchst angewendeten Rastermaß, und sie ist ebenso einfach konzipiert: preiswertes Vollholz für Stützen und Träger, einfache Holzverbindungen (Schrauben statt Zapfen), immer gleiche Stützenabstände, niemals weiter als 3,60 Meter. Die Handwerker aus der Umgebung hatten damit keine Mühe, die Bauherren besorgten vor allem den Innenausbau.

Geheizt werden alle vier Häuser mitsamt dem Atelier und der Altenwohnung (die übrigens eine eigene Terrasse anstelle eines Glashauses hat) mit einem Holzofen, der unter der Diele aufgestellt ist. Da die Anfangshitze beim Verfeuern von (Abfall-)Holz gleich sehr hoch ist, wurde ein 5000 Liter fassender Wasserspeicher angelegt, der die Wärme abfängt und speichert. Die Heizkostenrechnung ist, wie erhofft, niedrig.

Es gibt nicht wenig Leute, bei denen der Blick auf die temperamentvolle Häusergruppe nicht nur Neugier, sondern auch Begehrlichkeit weckt: So wohnen können . . .

## Von Licht durchflossen

Haus in Fußach, Vorarlberg
Architekten: Dipl.-Ing. Dietmar Eberle, Mag. Arch. Wolfgang Juen, Mag. Arch. Markus Koch, Norbert Mittersteiner
Baujahr: 1980

Vorn zur Straße zugeknöpft (um den Lärm abzuwehren), hinten zur Sonne nach Südwesten offen (um Licht und Wärme, also Wohlbehagen einzufangen): Im Winter hat das Haus, wie Dietmar Eberle es wollte, »weniger Fläche als im Sommer« (um Heizenergie zu sparen). So entstand die Idee einer langgestreckten, hohen, gleichsam in das zweigeschossige Haus geschobenen, es sichtbar überragenden Glasveranda, 3,20 Meter breit, 8 Meter lang, 7 Meter hoch. Sie ist an drei Seiten – östlich, nördlich, westlich – von den Wohn- und Schlafräumen nutznießerisch umgeben, zum Garten öffnet sie sich demonstrativ, bis unters Dach verglast. Je nach Tages- und Jahreszeit ist dieses Glashaus Veranda, Wintergarten oder Lichthof. Es bildet unübersehbar die Dominante des Hauses. Der geographische Mittelpunkt des Hauses – und des Familienlebens – ist jedoch seine unmittelbare Fortsetzung: das offene Eßzimmer; es ist von Küche, Arbeits- und Wohnzimmer umgeben. Im Stockwerk darüber liegen die Schlafzimmer; die Nebenräume sind, wie es sich gehört, jeweils zur Straßenseite angeordnet.

Die Holzkonstruktion ist einfach und klar, sie zeigt sich bis in den Dachfirst. Das Rahmenwerk, auf einer Betonplatte errichtet, wurde verschraubt und mit Holz und Glas ausgefacht; die Innenwände sind alle gemauert. Die Wohnfläche mißt 115 m², dazu kommt die Glasveranda. Gekostet hat das Haus gut 170 000 DM.

## Mit dem Kopf und mit den Händen

Studentenhäuser in Stuttgart-Vaihingen
Leitung: Professor Dipl.-Ing. Peter Hübner und Professor Dipl.-Ing. Peter Sulzer
Baujahr: 1981 bis 1983

Eine Zeitlang – und besonders an den Wochenenden – habe sich, wie sich ein Student erinnert, »ein nicht abreißender Strom von Touristen durch unsere Wohnanlage« ergossen. Augenblicke, in denen er und seine Kommilitonen sich wie seltene Exemplare im zoologischen Garten fühlten, »mit dem Unterschied, daß die Besucher kein Futter mitbringen«. Die meisten kamen, um zu sehen, was sie nicht recht zu glauben vermochten, nämlich daß sich Architekturstudenten und -studentinnen der ersten drei, vier Semester hier eine kleine Häusersiedlung von kesser Vielfalt und ziemlich rauhem Charme gebaut haben, die allem, was sie zu sehen gewohnt waren, widerspricht. Sie besteht aus dreißig Zimmern, die in neun Häusern gruppiert sind. Diese lagern um einen Zentralbau mit den Gemeinschaftseinrichtungen – zwei Küchen, Duschen, WCs und Heizung – und sind meistens aus Holz gebaut, genauer: konstruiert.

Denn das war der eigentliche Anlaß für diese Unternehmung: das Lernen durch eigenes Phantasieren, Planen, Entwerfen. Daß sich bald ein anderer Beweggrund anschloß, war einer simplen Frage zu verdanken: Warum bauen wir denn das Projekt nicht auch, und zwar für uns selbst, fehlt es denn nicht an Studentenzimmern? So hatte der Lehrstuhl Baukonstruktion I der Universität Stuttgart, besetzt mit den Professoren Peter Sulzer und Peter Hübner und sieben akademischen Mitarbeitern, auf einmal ganz andere Aufgaben. Die Lehrer waren nun auch Architekten, Bauleiter, Material- und Geldbeschaffer, Manager des Projekts. Eine so direkte Verquickung von Lehre und Praxis hat es in dieser Konsequenz bisher noch nirgendwo gegeben – und es ist ganz normal, daß es nicht an scheelen Augen gefehlt hat, mit denen diese aggressive Variante eines auf die Praxis bezogenen, mehr: des Projektstudiums verfolgt worden ist. Der bisweilen mit kollegialer Verachtung getönte Argwohn macht das Stuttgarter Experiment nun besonders interessant, nicht zuletzt für jeden, der an das Bauen mit Holz, zum Beispiel für sich selber, denkt. Vor allem aber entwickelte es sich an einem Lehrstuhl, der eines der wichtigsten Pflichtfächer lehrt, dessen Kenntnis die Voraussetzung ist für jede solide Architektur: die Baukonstruktion.

Ausgangspunkt war die Klage über mangelnde praktische (und haptische) Erfahrungen der Studierenden im Fach Architektur von heute. Fast keiner, der, wie kurz auch immer, schon Umgang gehabt hätte mit Holz, Beton, Werkstein, Ziegeln oder Kunststoff. Zwar wird das Baupraktikum unterschiedlich bewertet, von manchen seltsamerweise auch für überflüssig gehalten. Professor Peter Sulzer selber sagt, gute Handwerker seien selten gute Architekten – zum guten Architekten gehöre viel eher »die gewisse Neugier«; Handwerk lasse sich (schnell) lernen, Neugier aber nicht. Doch es gibt die einfache Erfahrung, daß das, was einer für sich selber tut, sein besonderes Interesse weckt und ihm sogar Spaß macht. Was für normale Bauherren gilt, die mit Hand anlegen und ihr Wohnhaus aktiv mitgestalten, miterrichten und es sich auch im übertragenen Sinne aneignen, trifft ebenso auf die Studierenden zu: Zimmer für sich selber zu entwerfen, auch wenn später andere darin

77

wohnen werden, ist ein herausfordernder Anreiz (der, das weiß man freilich auch, nachläßt, wenn es zu lange dauert). Die Professoren Hübner und Sulzer haben in früheren Anfangssemestern schon einige Erfahrungen mit dieser Lehr-, Lern- und Selbsterfahrungsmethode gemacht. Damals ließen sie – auch im Maßstab 1 : 1 – kleine Projekte wie Wetterschutzhütten und Spielhäuser (für Stuttgarter Kindergärten) bauen.

Das Ziel war damals wie hier in Vaihingen die praxisorientierte Baukonstruktionslehre. Die Studenten sollten die Möglichkeit bekommen, am konkreten Objekt selber einfache Konstruktionen entwerfen zu lernen, Innenräume zu formulieren, mit ihnen den Außenraum zu

Mensch braucht (und bezahlen kann). Sie mußten ihren (Innen-) Raum für sich selber definieren, schließlich gestalten und dabei den Konflikt lösen zwischen der Raumform (die sie sich erträumten, die Details, die Besonderheiten) und der Bauform (die sich verwirklichen ließ). Schwierig war es dabei für alle, sich von den eigenen beschränkten Vorstellungen vom bürgerlichen Wohnzimmer mit der Couchgruppe und den Altären verklemmter Gemütlichkeit zu lösen, statt in Möbeln in Bewegungsvorgängen zu denken und dabei von ihren Träumen soviel wie möglich in die Realität herüberzuretten. Es erging ihnen in dieser Doppelrolle des Architekten und des Bauherrn (und Bewohners) nicht anders als

bilden. Es kam dabei, wie die beiden Mentoren beteuern, nicht auf das Erfinden von Architektur an – wenngleich dieser Verzicht manchen schwerfiel. Bei vielen Aufgaben notiert das Protokoll »immer wieder einen Hang zum Außergewöhnlichen«, zu »scheinbar origineller« Architektur, die Schwierigkeit, der einfachen Konstruktion

eine einfache (gute) Architektur abzugewinnen.

Die Studenten der ersten beiden Studier-Jahrgänge waren theoretisch auf das Projekt vorbereitet worden, sie wurden mit den Elementen der Baukonstruktion vertraut gemacht. 1981 begann das Abenteuer. Etwa 440 Studenten waren in Gruppen über zwei Jahre mit dem Thema befaßt, weit über hundert von ihnen haben mitgebaut, dreißig bezogen die Zimmer des eigenwilligen, sympathischen Komplexes. Sie haben das Erlebnis von Traum und Realität, Zweifel und Glück, Überdruß und Erschöpfung, Gemeinschaft und Alleingelassensein genossen und erlitten.

Ihre Aufgabe war zunächst herauszufinden, wieviel Raum ein

Bauherren – ihren künftigen Klienten also – auch und den Architekten, die versuchen, sie an eine neue Architektur- und Raum-Denkart zu gewöhnen. Kurzum, es fiel ihnen schwer, sich von ihren persönlichen, überaus begrenzten Vorstellungen zu befreien, in Alternativen zu denken, mit Varianten zu spielen, »das An-Gesehene wegzuschleifen«. Sie lernten »das Denken in Anforderungen« – der Bewohner, der Behörden, der Bau- und der Feuerpolizei, der Gesetze und Normen. Sie befaßten sich, wenn auch widerwillig, mit so spröden, gleichwohl wichtigen Themen wie Baukosten, Benutzungskosten, Unterhaltskosten und erfuhren, daß auch der bewundernswertesten Architektur der zähe Kampf mit den Fallstricken der Baugesetze, -ordnungen, -vorschriften, -richtlinien vorausgeht.

Jedenfalls – es entstanden, mit dem Gemeinschaftsbau in der Mitte durch wettergeschützte, an Bootsstege erinnernde, mitunter sehr lange Flure verbunden, dreißig Zimmer. Sie sind in neun sehr verschieden geratenen Häusern zusammengefaßt. Deren Form wurde wesentlich von den Maßen des (gespendeten) Materials mitbestimmt – was auch zur relativen Wildheit der Erscheinung beiträgt, der etwas aufgeregt wirkenden, hier und da aber auch witzigen Dachlandschaft, die viele Geschichten hat. Die einfachste, aber raffinierteste Komposition entstand unter besonderer Anteilnahme eines der beiden Professoren (Dächer in Gestalt einer Tonne und eines hyperbolischen Paraboloids); die originellste, ein Ein-Zimmer-Haus, hat die (konstruktiv begründete) Form eines Fächers; die am solidesten, am meisten erwachsen wirkende, wohlproportionierte Baugruppe stammt von Oberstufen-Studenten (vier quadratische, anderthalbgeschossige Häuser mit Pultdächern, die sich um einen engen quadratischen Lichthof-Turm verhaken – eine leicht reproduzierbare Idee).

## Verzapft, verdübelt, überblattet

Haus in Aachen
Architekt: Professor Erich Schneider-Wessling mit Dipl.-Ing. Ilse Walter und Dipl.-Ing. Helmut Brinkhaus
Baujahr: 1980

Das Haus der Familie Schoeller war auch für den Architekten das, was man schwärmerisch ein Traumhaus nennt: eine besondere, mit großer Phantasie und sehr bestimmt genutzte Gelegenheit. Vieles daran ist außergewöhnlich: das Grundstück, seine Lage, Großzügigkeit und Größe, die Wahl des Materials, die Architektur. Als das Gebäude 1982 den in Nordrhein-Westfalen damals zum erstenmal vergebenen Holzbaupreis bekam, genoß die Jury ihren Jubel. Räumlicher Phantasie und diszipliniertem Konstruieren verdanke dieses Haus »eine außergewöhnliche Schönheit«. Denn: »Die Außen- und Innenräume, behutsam auf die Lebensgewohnheiten der Bewohner abgestimmt, sind geschickt aus den örtlichen Gegebenheiten entwickelt. Unter der Wirkung der Proportionen, der Materialien, vor allem aber einer hervorragenden Lichtführung verbinden sie sich zu Raumfolgen – zu einer ›Wohnlandschaft‹ –, deren Vielfalt und Ambiente das Wohnen zu einem Erlebnis besonderer Art machen.«

Das Grundstück, Bestandteil eines alten, privaten Parks voll wunderbarer großer Bäume, liegt am Südwestrand eines Mischwaldes – der Architekt fühlte sich verpflichtet, diese Landschaft sowenig wie möglich zu stören. Es bestimmte die Wahl des Materials (sie fiel auf rötlich leuchtendes Lärchenholz) und die Architektur des Hauses (seine Gliederung). Viele Bereiche des Hauses gehen infolgedessen eine ungewöhnlich innige Verbindung mit dem Garten ein, so daß die Innenräume jeweils einen (ihren) Außenraum haben: Es gibt den Eingangsgarten mit dem Eingangshof, die Wiese vor dem Eßbereich, den Teich vor der Terrasse, den Waldrand am Wohnraum, den Waldplatz dort, wo die Kinder wohnen und spielen. Und alles ist untereinander verbunden, das hält die Räume zusammen. Dazu

kommt die eine oder andere Dachterrasse.

Der Umgebung wegen gibt sich das Haus betont offen. Es hat große Fenster und Fensterwände, große gläserne Schiebetüren, es gibt möglichst durchgehende Fußböden, manche Deckenbalken kragen aus und reichen auf der Wohnseite am Teich (etwas outriert) bis in den Garten. Man erkennt in alledem unschwer den Schüler Richard Neutras.

In dem zweistöckigen Haus winden sich die geräumigen Zimmer am Treppenhaus über fünf Viertelgeschosse in die Höhe. Den »Marktplatz« des Hauses bildet der offenbar beliebte Kaminplatz. Er ist umgeben von Diele, Küche, Eßplatz und Wohnraum, die alle ineinander übergehen, aber vorsichtig gegeneinander versetzt sind. In der anderen, der östlichen Hälfte des Hauses haben die vier Kinder jedes ihr Zimmer und einen gemeinsamen Spielraum. Weiter treppauf befinden sich Gästezimmer, Schlafzimmer, das Arbeitszimmer des Vaters; von einer Galerie guckt man ins Wohnzimmer (und dort auf den Arbeitsplatz der Mut-

ter), es gibt eine Terrasse. Auf den Flachdächern, genauer, den »Flutdächern«, befindet sich eine flache Wasserschicht; sie soll verhindern, daß die Dachhaut austrocknet und spröde wird; man kann sie teilweise über Holzroste begehen. Die 45 Grad schrägen, mit Kupferblech gedeckten Dächer sind hinterlüftete Kaltdächer, so genannt, weil sie die Überhitzung des Hauses bei Sonne verhindern; die flachen Dächer wiederum sind Warmdächer. Die Geschoßdecken sind, um den Trittschall zu dämpfen, mit Sand gefüllt. Da das Haus einen Nebeneingang hat, kann es später problemlos geteilt werden.

Bei der Konstruktion hat sich der Architekt mit Bedacht auf alte Praktiken gestützt. Das Fachwerk folgt waagerecht einem quadratischen Raster von 62,5, senkrecht einem von 70 Zentimetern als Vielfaches der Ziegelschichten und Treppenstufen. Die konstruktiven Teile – Pfeiler und Balken – sind (bis auf ein paar unsichtbare Teile) aus massivem Lärchenholz, desgleichen die Türen, Fenster, Treppen, zum Teil auch der Fußboden. Die Holzverbindungen sind zimmermannsmäßig, das heißt, sie sind – möglichst ohne Stahlteile – miteinander verzapft, verdübelt, überblattet und stets sichtbar. Die Wände sind teils aus Holz, teils aus Ziegelmauerwerk. Das Bild jedenfalls, das man vor Augen hat, ist das der Konstruktion. Die Holzpreis-Jury hob daran hervor: »Das Detail ist meisterhaft. Nicht zuletzt hierin liegt die beispielhafte Anwendung des Werkstoffes Holz bei diesem schönen Haus.«

Es ist mit etwa 300 Quadratmetern Nutzfläche auf dem 2600 Quadratmeter großen Grundstück ein großes, es ist kein billiges, aber es ist ein einfaches Haus. Es ist transparent – teils aus Rücksicht auf die Umgebung, teils aus Berechnung für das Innere, für das Wohnen mit der Natur. Diese innere Offenheit freilich muß auch gewollt, womöglich gelernt werden. Man erzählt von den Kindern, daß sie – damals sechs bis dreizehn Jahre alt – in dem weitläufigen Haus Sehnsucht nach der engen alten Wohnung hatten.

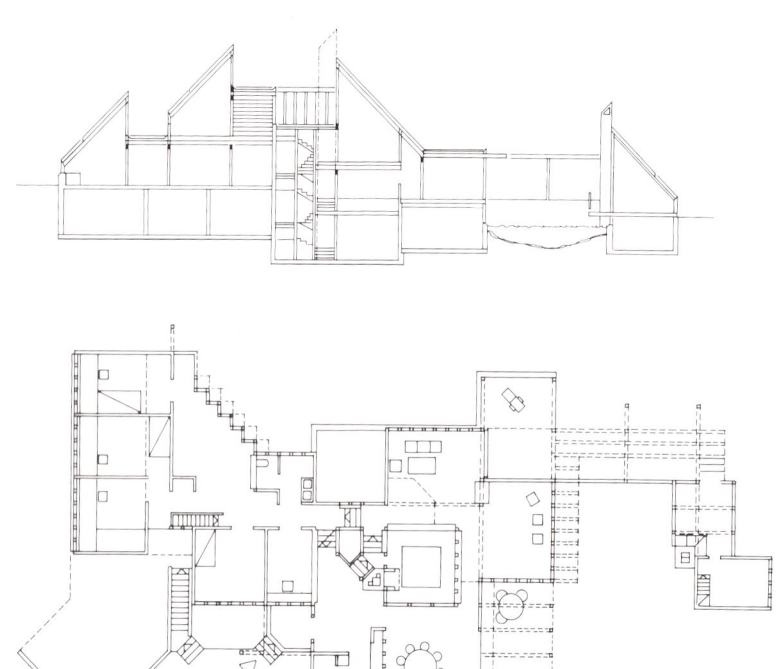

## Kreisende Wärme in einer Halbkugel

Haus in Landstuhl
Architekt: Professor Erich Schneider-Wessling mit Dipl.-Ing. Detlev Wilken
Baujahr: 1984

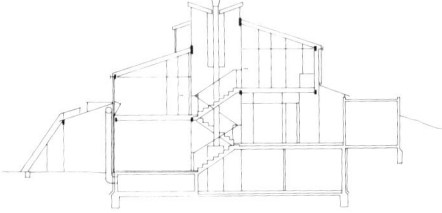

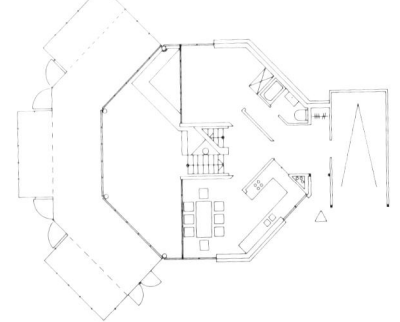

Landstuhl ist eine kleine Stadt, die unweit von Kaiserslautern im Pfälzer Wald liegt. Das Lexikon nennt die braunrote Burgruine Nannstein, die malerisch über dem Ort thront. 1980 jedoch beschloß die Gemeinde, demnächst mit etwas anderem von sich reden zu machen: mit einem Konvolut neuartiger, in die Zukunft weisender Wohnhäuser.

Die Vision hatte unerwartet damit angefangen, daß auf den bewaldeten Hügeln eine zuerst gewöhnliche, dann aber Aufsehen erregende Siedlung geplant wurde. Die Stadt, unverhofften Ruhm und Zuschüsse aus Bonn vor Augen, war davon angetan; das Bundesforschungsministerium ließ sich rasch gewinnen; das mit Systemtechnik und Innovationsforschung befaßte Institut der Fraunhofer-Gesellschaft in Karlsruhe (ISI) übernahm den wissenschaftlichen Part. Ein Wettbewerb, zu dem acht angesehene Architekturbüros aus der Bundesrepublik und England eingeladen waren, brachte viele interessante Entwürfe hervor, die alle dies zum Ziel hatten: Häuser, deren Architektur Energie spart und auch die Sonnenenergie dafür nutzt.

Es war ja auch höchste Zeit dafür, denn »der leichte Zugriff zu scheinbar unerschöpflichen Energiestoffen zu günstigen Preisen hat uns«, wie der Darmstädter Architekturprofessor Peter Steiger in seinem 1975 erschienenen Buch »PLENAR – Planung, Energie, Architektur« schrieb, »immer mehr dazu

verleitet, klimatische Zusammenhänge und örtliche Verhältnisse als Randbedingungen eines Gebäudes kaum mehr zu beachten«. Als aber auf einmal zwei, drei »Ölkrisen« Unruhe in die Gedankenlosigkeit brachten, entstanden im Handumdrehen die ersten solartechnischen Anlagen, und überall wurden Häuser entstellt, die nun erst recht den Wunsch provozierten, eine energiesparende, zugleich aber anspruchsvolle, die Solartechnik integrierende Architektur zu entwickeln.

Das erste Einfamilienhaus, das aus dem Wettbewerb in Landstuhl hervorgegangen ist, dann einen aufgeschlossenen Bauherrn gefunden hat und nun gebaut worden ist, stammt aus dem Büro des Kölner Architekten Erich Schneider-Wessling. Es wurde in dem projektierten Siedlungsgebiet Auf dem Melkberg hoch über Landstuhl errichtet, als Herberge einer vierköpfigen Familie, die sich diese Anschaffung fürs Leben nicht wenig hat kosten lassen. Die ganzen Baukosten betrugen für 273 Quadratmeter Wohnfläche (mit den 27 im Wintergarten) 604 000 DM. Der gesamte umbaute Raum ist etwas über eintausend Kubikmeter groß. Für einen Kubikmeter umbauten Raumes errechneten die Architekten an reinen Baukosten (ohne Grundstücks-, Außenanlagen-, Nebenkosten) 585 DM, für einen Quadratmeter Nutzfläche 2050 DM.

Das Haus verheimlicht nicht, daß es einer besonderen Idee zu verdanken ist. Es bildet einen achteckigen, symmetrisch angelegten Baukörper, dessen Form einer Halbkugel nacheifert – dem archaischen Wunschbild aller Energiesparer, demzufolge möglichst viel Raum unter einer möglichst kleinen Oberfläche unterzubringen sei, so kompakt wie ein Iglu. An der Nordseite, wo man das Haus auch betritt, sind nur wenige und kleine Fenster angebracht; nach Süden und Südwesten hingegen öffnet sich das Haus mit großen Fenstern der Sonne so weit wie möglich. Der Wintergarten, bildet eine Puffer-zone. Und selbstverständlich haben die Außenwände eine gute Wärme-dämmung.

Geheizt wird das Haus mit einer normalen Warmwasser-Fuß-bodenheizung – aber hier beginnen schon die Besonderheiten. Die erste ist der Schornstein. Er steigt, zusammengesetzt aus handelsübli-chen Betonfertigteilen, senkrecht in die Höhe. Er steht frei, er strahlt also, lang, wie er ist, seine (Ab-) Wärme rundum ins Haus aus. Die zweite Besonderheit ist ein Schot-terspeicher, eine etwa 80 Zentime-ter dicke Schicht aus nicht zu fei-nen, genug (Luft-)Zwischenräume lassenden Kieselsteinen unter dem Wohnraum. Es gibt noch eine dritte Besonderheit, einen sogenannten Warmhang, aber davon ist später die Rede.

Die gesamte warme Luft im Hause verflüchtigt sich nicht, wie es sonst üblich ist. Sie fließt an den Zimmerdecken entlang – auch aus dem Wintergarten – ins offene Treppenhaus und steigt dort in die Kuppel des Hauses auf. Bei genügend starker Wärme setzt sich oben ein Ventilator in Gang, der diese warme Luft durch ein Rohr hinab in die Schotterschicht leitet, die sie bis zu anderthalb Tagen zu speichern vermag. Nachts schaltet der Ventilator dann seinen Rückwärtsgang ein und bläst die so gespeicherte warme Luft ins kühle Haus. Der Schotterspeicher funktioniert freilich auch umgekehrt: An heißen Tagen wird er nachts entladen, das heißt, er entläßt die erwärmte Luft durch Klappen und Lüftungsgitter ins

Freie und saugt nachtkühle Luft an. Tagsüber wird die gekühlte Luft dann in die Wohnung geblasen.

Der »Warmhang«, als dritte Besonderheit schon erwähnt, besteht aus drei, vier verschieden bedampften oder beschichteten Polyamid-Stoffen. Er funktioniert wie ein Rollo, das durch einen Stab wie von einem Gewicht abwärts gezogen wird, sich vier bis fünf Zentimeter dick aufplustert und dann ein Luftpolster an den Innenseiten der Fenster bildet. Am Tage schützt der Warmhang, reflektierend, vor allzu heftiger Sonne, nachts vor eindringender Kälte.

Wieviel (Sonnen-)Energie gewonnen, wieviel Hauswärme bewahrt oder zurückgewonnen, wieviel Heizungskosten gespart werden, wird eine über drei Jahre gehende Untersuchung ergeben. Das Fraunhofer-Institut mißt dafür unter anderem ständig die Windstärke und die Sonnenstrahlung, registriert das Öffnen und Schließen jedes Fensters und anderes mehr.

Das Haus hat zwei tragende Betonwände im Innern. Sie bilden in der senkrechten Mittelachse das offene Treppenhaus (mit dem

Schornstein). An diesen massiven Wänden hängt auch die Holzkonstruktion. Die ist allerdings nicht ganz rein. Im Gegensatz zu zwei später entwickelten Varianten dieses Haus-Typus in der weiteren Umgebung von Landstuhl hatten die Architekten die Schwierigkeiten, die ihnen der achteckige Grundriß mit den Holzverbindungen auflud, mit Stahlträgern gelöst: Statt »viel Stahl ins Holz zu mogeln«, wählten sie eine Bastard-Konstruktion: Sie zogen Y-förmige Stahlträger zwischen die Vollholz-Träger unter die Geschoßdecken.

Das – vom Garten her betrachtet – ganz symmetrische Gebäude fällt natürlich mit seiner originellen, lustig die Ohren spitzenden Form auf. Im Innern ähnelt es leicht einer kantig gebrochenen Spirale, die sich mit versetzten Geschossen in die Höhe staffelt. Sie beginnt im Untergeschoß, das halb in die Erde gegraben ist, mit Vorrats-, Abstell-, Heizungsräumen und einem Wohnraum, der, obwohl er wie alle Zimmer, in denen die Familie beisammen ist, nicht durch Wände, sondern nur topographisch vom nächsten Zimmer getrennt ist, so ist, wie er genannt wird: eine »Wohnhöhle« mit einem Kachelofen. Ein paar Stufen höher breitet sich dann das große Wohnzimmer – mitsamt dem weit herumreichenden Wintergarten – aus. Von hier wiederum wandert der Blick weiter zum sieben Stufen höher gelegenen Eßplatz mit der Küche: Dies ist die Eingangsebene mit der Diele und, der Küche gegenüber, mit einer Einliegerwohnung. Von der Küche aus sieht man, wer kommt; der Blick geht aber auch über den Eßplatz ins Wohnzimmer, in den Wintergarten und weiter hinaus in den Garten und auf die Straße.

Von der Diele gelangt man treppauf in ein Zimmer, das, in der Höhe leicht versetzt, genau über dem Wohnraum plaziert ist: Man schaut von hier wie von einer Kanzel in den Garten hinaus, nach Süden. Dann wendet man sich um und sieht nun das (über der Diele gelegene) Badezimmer. Es ist kein abgeschlossenes Refugium, sondern

90

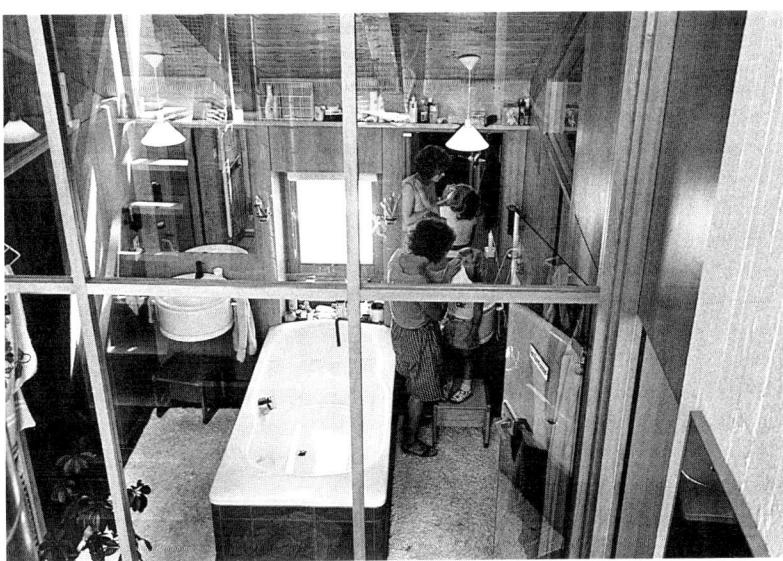

eine Art Glashaus, jedermanns Blicken in der Familie zugänglich, eine sehr persönliche, nicht übertragbare Idee.

Tatsächlich macht sich dieses eigenwillige Haus nicht nur mit seiner energiebewußten Konzeption interessant; die gibt sich in der Architektur weder mit den platten Zeichen technischer Raffinements zu erkennen, noch kokettiert sie gar damit. Seinen Reiz entfaltet es in der weitherzigen Öffnung nach Süden, mehr aber noch in seiner räumlichen Gliederung, im Grundriß, in den fließenden Zimmern. Die geselligen Räume sind topographisch gegeneinander versetzt, gehen aber ineinander über; die privaten Zimmer hingegen, in die sich die Eltern wie die Kinder zurück-

ziehen (und wo sie ausdrücklich die Tür hinter sich zumachen können), sind voneinander getrennt. Zwischen diese beiden Bereiche ist das Badezimmer wie ein Gelenk eingefügt – ein familien-öffentlicher Raum, der den Bewohnern mit scheinbar calvinistischer Strenge zu zeigen abverlangt, daß niemand vor dem anderen etwas zu verbergen habe. Sie haben es so gewollt. Man weiß, daß sie mit ihrem außerordentlichen Haus glücklich sind.

## Geometrisch, transparent, sparsam

Haus in Regensburg, Ortsteil
Kumpfmühl
Architekt: Professor Dr.-Ing.
Thomas Herzog
Baujahr: 1979

Dieses Projekt war – wie drei Jahre später die technisch reifere Variante – eine Uraufführung. In diesem Haus, das der Architekt für seine Schwester entwarf, hat er die passive Nutzung der Sonnenenergie zum erstenmal »gestaltprägend« in Architektur übersetzt. Wie aktuell dieses Thema ist, zeigen die vielen unzulänglichen, oft hilflosen, ortsbildstörenden Versuche, Kollektoren auf Dächer und an Häuserwände zu applizieren – das zeigt aber auch der von der Bundesregierung geförderte Versuch in Landstuhl (siehe Seite 86 ff.), Sonnenenergietechniken in eine intelligente Architektur zu integrieren, das heißt, sie als ästhetische Herausforderung zu verstehen.

In Regensburg hatte der Entwurf noch anders begonnen. »Du hast immer gesagt«, hatte die Bauherrin ihren Bruder, den Architekten, gelockt, »du möchtest dein Traumhaus bauen. Jetzt kannst du's tun – für mich.« Seinen Entwurf bestimmte vor allem das Bestreben, den Blick nach Süden nicht auf ein mehrstöckiges, häßliches Haus zu richten, sondern ihn »prismatisch« davon abzulenken: nach unten in den Wintergarten, nach oben in die Bäume. So entstand der dreieckige Querschnitt des Hauses, dessen Südfront – die (dem rechten Winkel gegenüberliegende) Hypotenuse – in der unteren Hälfte aus Glas besteht. Und sie hat zwei Einkerbungen, von denen eine einem Baum zuliebe, der dort steht, gemacht, die andere für einen Gar-

tensitzplatz genutzt wurde. So wirkt das Gebäude wie mit einem Garten verzahnt. Auf den ersten Blick sieht es weniger wie ein Haus als wie ein riesiges Dach aus. Wenn auch: Es ist ein Haus, und seine Gestalt verdankt es einer ertragreichen Idee, die der Architekt wenig später in München weiterverfolgt hat. Und wie viele interessante Ideen basiert auch diese auf einer gescheit durchdachten, präzisen Einfachheit und diese wiederum auf der strengen Geometrie eines räumlichen Moduls. Es verwundert nicht, wenn der Architekt seine Begeisterung für die japanische Baukunst bekennt.

Seine knappe Beschreibung des Hauses lautet: »Auf Punktfundamenten (Pfählen) steht ein Skelett aus Leimholzträgern. Alle geschlossenen Teile von Decken, Dach und Wänden bestehen aus Holzpaneelen, die in den Achsen mit Deckleisten gefaßt sind, hinter denen die Elektroinstallationen liegen. Die Außenwände sind stark gedämmt, hinterlüftet und außen mit fünfzehn Zentimeter breiten (quer verlaufenden) Oregon-Pine-Brettern verschalt (die Innenwände

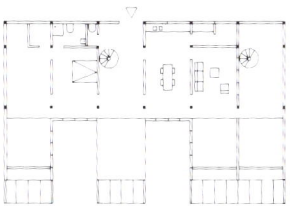

mit Berglärche getäfelt). Den Boden bilden kleinformatige, bruchrauhe Jurakalk-Plättchen. Die geschlossene Dachfläche ist mit Zinkblech gedeckt.« Die offene Dachfläche, muß man ergänzen, ist mit Glas geschlossen: die Dachschräge und die äußere Fassade im Süden mit einfachem Glas, die Südfassade im Innern und die Schiebewand mit Zweischeiben-Isolierglas. Das Haus hat, bei 240 Quadratmetern Nutzfläche, etwa 400 000 DM gekostet; ein Kubikmeter umbauten Raumes kam auf 280 DM.

Wichtiger als alles dies aber sind die reizvollen räumlichen Durchdringungen, die diesem Haus seine eigenartig offene Atmosphäre geben: Das Erdgeschoß geht die Verbindung mit den Wintergärten, der Veranda, aber auch mit dem Garten ein. Diele und Wohnzimmer wiederum reichen bis unters Dach; aus beiden gelangt man über Wendeltreppen in die Schlafräume. »Wendeltreppen«, sagt Herzog, »sind ein alter Spleen von mir.«

Das Ehepaar, das dieses einprägsame Haus bewohnt, schätzt freilich nicht nur dies, sondern auch das Ergebnis des Energiesparkonzeptes. Der Baukörper ist an den Seiten geschlossen, im Norden hat er nur wenige Fenster in der stark isolierten Wand.

Die voll verglaste Südwand mit Schiebetüren und vorgelagertem Wintergarten wirkt in der Übergangszeit als großer Wärmekollektor, im Winter als Wärmepuffer. Im Sommer werfen die Bäume Schatten; eine dosierbare Querlüftung und Kaltluft von der Unterseite des Gebäudes verhindern Überhitzung. Die Heizung des Hauses verbraucht nur halb soviel Energie wie die eines ebenso großen konventionellen Hauses.

1981 wurde das Haus mit dem Mies-van-der Rohe-Preis ausgezeichnet: weil auf intelligente Weise Energie gespart wird; weil nur wenige Baustoffe und die wiederum konstruktionsgerecht verwendet worden sind und Details große Qualität haben; weil trotz der geometrischen Strenge »ein spannungsreicher Dialog zwischen Gebäude und Umgebung« geglückt ist. »Das Objekt ist der Architekturauffasung Mies van der Rohes im besten Sinne zuzuordnen, ohne sich dessen stilistischer Vokabeln zu bedienen.«

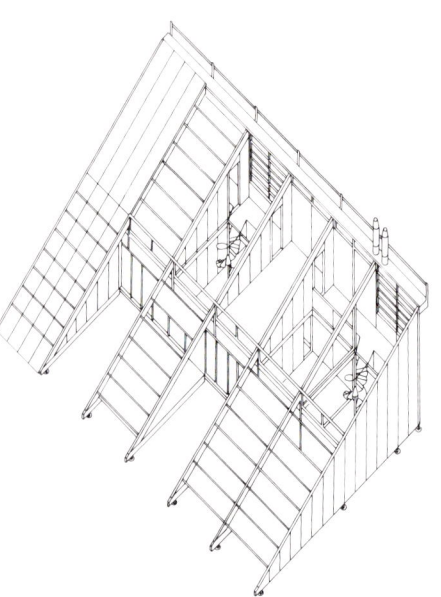

## Wink für die Zukunft

Häuserreihe in München
Architekten: Professor Dr.-Ing.
Thomas Herzog,
Dipl.-Ing. Bernhard Schilling
Baujahr: 1982

In München konnte Thomas Herzog die Regensburger Konzeption – die Nutzung der Sonnenenergie in Architektur zu übertragen – weiterspielen. Dieser Bau, aus vier Reihenhäusern bestehend, verlangt dreifach Aufmerksamkeit, erstens wegen seiner Lage auf einem tiefen, sehr schmalen Grundstück. Der heterogenen Umgebung mit betulichen Einzelhäusern wurde ein gläsern und starr wirkender Häuserriegel aufgenötigt, der die Blicke sofort auf sich zieht. Keine Frage, der Standort ist prekär. Der Umgegung zuliebe, sprich: um den Blick der Nachbarn auf die strenge Nordfassade zu besänftigen, hat Thomas Herzog davor eine »Pergolastraße« angelegt. Sie verbindet die Häuser miteinander, bildet vor den Eingängen kleine Höfe. Pflanzen ranken an Fäden bis zum First hinauf und nehmen der Häuserzeile etwas von ihrer Höhe (wenn auch nicht den Schatten). Unter dem sommerlichen Gründach ist Raum für Gartengeräte, ist auch Platz für die Autos vorgesehen.

Zweitens ist der Bau außergewöhnlich durch die Integration einer gänzlich neuen Art der Energiegewinnung aus Licht und, drittens, durch die daraus abgeleitete Architektur, der man auf Anhieb technische Poesie zugesteht. Es dominieren, trotz alledem, die Materialien Holz und Glas.

Angefeuert von seinem Bauherrn, der durch Filmaufnahmen mit der Glasarchitektur in Amerika (und, davon angeregt, mit der alten Glasbaukunst Europas) bekannt geworden war und sich dafür begeistert hatte, entwarf Herzog einen bis ins Detail ausgefeilten Bau. Er besteht aus einer Häuserreihe, die konstruktiv zehn Felder breit ist: Drei Felder bilden das erste, an eine Ärztin verkaufte Haus; ein Feld hat die Fraunhofer-Gesellschaft für ihre Forschungen gemietet; vier Felder bewohnt das Bauherren-Ehepaar; dann folgen eine drei Felder breite

Terrasse, schließlich, zwei Felder breit, das Studio des Bauherrn.

Das tragende Skelett der Häuserreihe ist aus Holz (und war so genau konstruiert und angefertigt worden, daß bei einer Länge von 40 Metern nur eine Abweichung von einem Zentimeter gemessen wurde). Auch die Fachwerkbinder in jeder Achse, die das 45 Grad geneigte Dach stützen, sind aus Holz. Sie tragen außen Sicherheitsglas, innen Isolier- und – für die Innenscheibe – Verbundsicherheitsglas. Für die Glasflächen der Wintergärten hingegen wurden, wie bei Gewächshäusern, Aluminiumsprossen verwendet. Die Stirnseiten und die Nordfront des Komplexes sind quer verschalt und fast geschlossen. Die Bretter wurden – weil Holz im Naturton in dieser Umgebung allzu fremd gewirkt hätte – mit einer offenporigen, weißen Lasur versehen, welche die Maserung des Holzes noch erkennen läßt.

Diese Konzeption bedeutete von Anfang an große visuelle Transparenz, nicht nur zum Garten, zur Umgebung, zum Himmel (also: zum Wetter), sondern auch im Innern. Die Grundrisse sind praktisch; sie sind »offen«, wenngleich die Räume erkennbar voneinander abgegrenzt sind. Es gibt, selbstverständlich, abgeschlossene Refugien. Aber man lebt Auge in Auge mit der Konstruktion; sie ist wesentliches ästhetisches Ingredienz dieser Architektur und demzufolge auch farblich komponiert: schwarzes Skelett, weiße Sperrholzplatten, naturfarbene Fenster- und Wandleisten, Aluminiumsprossen, im Haus des Bauherrn gesellen sich noch zum weißen Marmorboden schwarze Möbel hinzu und lassen den visuellen Accessoires – Bildern, Büchern, Pflanzen, nicht zuletzt der geräumigen rostroten Wendeltreppe – ihre farbkräftigen Pointen. An der Fassade fallen die rostroten Eingangstüren auf, aber auch so kleine, feine Effekte wie die haushohen

schmalen Spiegelglasstreifen, die sie einfassen: geistreiches Aperçu.

Der Hauptaspekt ist der, aus dem alles dies »folgerte«: der energietechnische Aspekt. Nord- und Seitenfassaden sind (fast) geschlossen; die schräg abfallende, beinahe bis an den Gartenzaun des Nachbarn hinunterreichende Südseite ist zugleich Fassade und Dach und vollständig aus Glas. Das Dach bildet im Erdgeschoß (ungeheizte) Wintergärten, daneben im Souterrain Lichthöfe für den Keller. Wenn die Sonne sehr intensiv scheint, kann man Sonnensegel übers Glas ziehen. Im übrigen sind, dem Luftkreislauf folgend, Lüftungsklappen installiert: Glaslamellen im Traufpunkt nach Süden und im Firstbereich nach Norden, dort zusätzlich Holzlamellen in der Wand, seitlich große Dreieckstüren im Wintergarten, mit denen man ihn zum Garten öffnen oder von ihm abtrennen kann.

Vor allem aber hat das Fraunhofer-Institut für solare Energiesysteme in Freiburg hier, von AEG, Siemens, Varta und den Münchner Stadtwerken unterstützt, eine neuartige photovoltaische Anlage eingebaut, ein kleines Sonnenkraftwerk, das (vollelektronisch durch einen Inverter umgewandelten) 220-Volt-Wechselstrom direkt aus Licht gewinnt – zum Gebrauch im Haus, der Rest geht (von den Stadtwerken gekauft) ins Netz. Es gibt keine beweglichen Teile, es geht lautlos zu, es braucht verschwindend wenig Platz – für ein paar Leitungen und für einen aktenkoffergroßen Umwandler, der aus Gleichstrom vom Dach Wechselstrom fürs Netz macht. Ein Wink für die Zukunft – vor allem freilich ein Beispiel dafür, wie sich aus einem technischen Thema eine charaktervolle Architektur gewinnen läßt. Sie wurde, was wunder, gegen mannigfache bürokratische Widerstände in der Bauaufsichtsbehörde durchgefochten, von dort dann aber nachdrück-

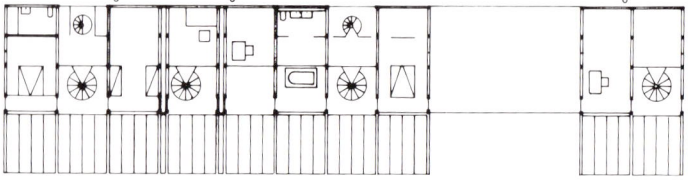

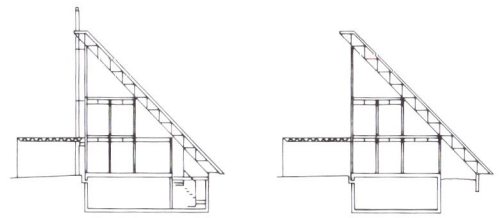

lich unterstützt – und alsbald preis-
gekrönt. Die Bewohner empfinden
es als ein freundliches, helles, wohl-
temperiertes Haus, aber auch als
eines, das sie Natur anders erleben
läßt: Man sieht auf den Scheiben
Blütenstaub, Käfer, Raupen, Blätter (muß leider auch den öligen
Industriestaub der Großstadt in
Kauf nehmen); man weiß, daß der
Schnee die Glasflächen wäscht; man
hört, wenn's regnet, ein leises,
beruhigendes Rauschen. Man lebt
drinnen und draußen.

## Das Wohnzimmer: ein Atrium

Haus in Lahr am Schwarzwald
Architekten: Werkgruppe Lahr –
Dipl.-Ing. Klaus Meyer, Dipl.-Ing.
Carl Langenbach (Projektbearbeitung), Dipl.-Ing. Ferdinand Jegal,
Josef Montabon
Baujahr: 1984

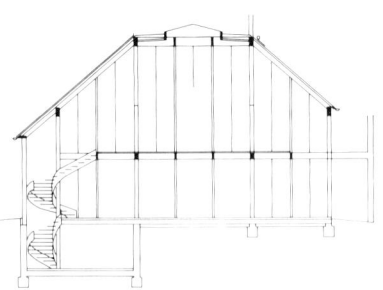

Der Straßenname klingt wie in einem Gedichtvers: Klostermattenweg. Das Haus, das dort errichtet worden ist, scheint sich daran anzulehnen; es ist die lyrische Paraphrase eines geometrischen Phänomens, des Quadrats, das den (Innen-)Raum vieldeutig und durchsichtig ordnet. Dem Bauherrn, der sich unter den vier Architekten der Werkgruppe Lahr mit dem Codewort »Projektbearbeitung« zu erkennen gibt (ohne die Mitarbeit der anderen auszuschließen), hatte, wie er sagt, ein einfaches Haus wie Goethes Gartenhaus in Weimar vorgeschwebt, er bekennt auch die Sehnsucht nach Geborgenheit. Das Haus sollte seine Modernität nicht verheimlichen, aber es sollte nicht gleich wie ein technisch aufgetakeltes Solarschiff durch den leicht gewellten Altstadtrand von Lahr stampfen und den anspruchslosen Häusern seiner Umgebung davonsegeln. Seine Modernität steckt dem Haus vielmehr in den Knochen, in dem einfachen, unaufwendig und unauffällig konstruierten Holzskelett, freilich auch in seiner Haut, vielleicht sagt man besser: in seinen Häuten. Denn es ist von stämmigen Gerüsten für Rankgewächse (dem »Grünhaus«), einem Wintergarten (einer Pufferzone), Erkern und Vordächern umgeben, von lauter klima-ökonomischen, ökologisch freundlichen Schichten. Was wunder, daß die Bewohner mit dem Gedanken spielen, die kostenlose Sonnenenergie dereinst mit solartechnischen Anlagen so intensiv wie möglich zu nutzen.

Das Haus ist eine quadratische Komposition »im strengen Satz«; sie prägt den Entwurf, nicht aber das Leben, das sich darin ereignet.

Das Haus ist aus Räumen gebildet, die – sowohl voneinander getrennt wie miteinander verbunden – zusammen ein Raum sind: ein transparentes, flexibles, Deutungen zugängliches Haus.

Das Haus ist ganz aus Holz

gebaut; es wurden nur natürliche (Bau-)Stoffe verwendet.

Das Skelett, errichtet aus Stützen und Balken aus (Fichten-)Brettschichtholz, steht auf einer (Wärme speichernden) Betonplatte von einem halben Meter Dicke. Die Stützen markieren ein quadratisches Rasterfeld, dessen Grundmaß 1,75 Meter ist. Die Balken liegen auf Metallschuhen auf, die in die Stützen gefräst sind. Träger und Stützen gehen fast nahtlos ineinander über, so daß man meinen könnte, sie seien aus einem Stück. Eine so ebenmäßige Verbindung bilden auch die massiven Leimholz-Tafeln, mit denen das Ständerwerk (bündig) ausgefacht ist. Sie sind 18 Zentimeter dick und 87,5 Zentimeter breit, so daß immer zwei nebeneinander wandhoch ein Rasterfeld füllen. Im Fachwerk sind sie nach Zimmermannsart mit Doppelfeder und -nut befestigt. Innen und außen zeigen sie sich so, wie sie sind: nicht gestrichen, nicht beklebt, nicht gefärbt. Einige sind mit Korkplatten isoliert und dann mit Holzschindeln verkleidet.

Holzschindeln decken auch das Pultdach, das an allen vier Seiten im Winkel von 40 Grad ansteigt und mit dem First ein großes Quadrat umschreibt. Dach und Grundriß sind miteinander kongruent: Das Geviert der Dächer entspricht dem Geviert der Räume, die den zentralen quadratischen Wohnraum umlagern. Das Quadrat wiederum, das der First beschreibt, ist das Quadrat des zentralen Raumes, dessen Eigentümlichkeit am besten in dem Wort zusammengefaßt ist, das der Architekt im Sinn gehabt hat: Atrium. Und so bekommt der zweistöckige Raum mit seiner aus Stegen und Galerien gebildeten, durchbrochenen, »interessanten« Decke im ersten Stockwerk sein Licht nicht nur von den Seiten und schräg von oben, sondern auch aus einer Lichtkuppel im Mittelfeld des Dachquadrats.

Tatsächlich folgt das Haus dem symmetrischen, aus Quadraten zusammengefügten Grundriß, wenngleich mit einer gelassenen, liberal gehandhabten Konsequenz. So wird der Symmetrie hier und da weise ein Schnippchen geschlagen: Der Treppenturm am Eingang verweigert sich der Mitte; das Arbeitszimmer ragt mit seiner Ecke um

eine Quadratreihe vor die Fassade; dem Freisitz fehlen, natürlich, die Wände; Erker wölben sich aus der Front. Dafür halten wiederum die Diagonalen sichtbar die Ordnung zusammen, sie zeigen sich sogar in den Übereck-Möblierungen von Küche, Arbeits- und Badezimmer.

Das Haus hat, gleichsam als Achse, um die sich alles dreht, ein Kerngehäuse, das ist der zweigeschossige, atriumartige Wohnraum, um den sich alle anderen Räume scharen. Sie öffnen sich zu ihm (Glasschiebetüren) oder schließen sich von ihm ab (und umgekehrt). Im Erdgeschoß sind das, links herum: Diele, Küche (in der ersten Ecke), Eßzimmer (mit gerundetem Glaserker und Gartensitz), offene

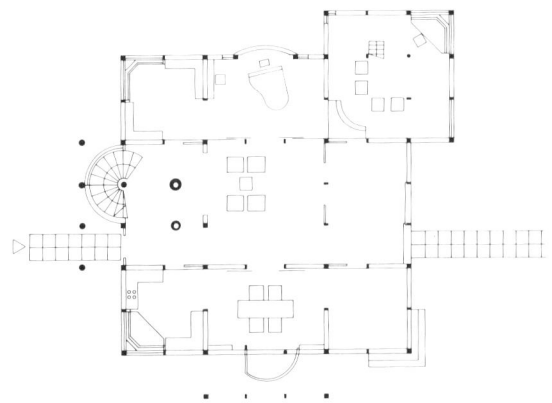

Veranda (in der zweiten Ecke),
Wintergarten (mit einer Galerie im
zweiten Stock), Arbeitszimmer (in
der dritten Ecke, mit einer Treppe
hinauf zur Büchergalerie), Spiel-
und Musikzimmer (mit einem
gerundeten Glaserker), Hausar-
beitsraum (in der vierten Ecke).
Darüber liegen zwei Kinderzimmer
mit Duschbad, die Wintergartenga-
lerie, die Büchergalerie, das Eltern-
schlafzimmer, das Bad. Es gibt
noch ein Gästezimmer, zu dem eine
schmale, auffallend schräge Treppe
ins Dach führt. Und unter der Ein-
gangsseite befinden sich Keller,
Heizung, Vorratsraum sowie die
Garderobe.

Der Architekt wollte ausdrücklich kein maßgeschneidertes Haus,
das faltenlos wie ein Anzug oder
gar ein die Körperformen nach-
zeichnendes Kleid mit knappen
Nähten sitzt (und dann später
spannt oder schlottert), sondern
eines, das weit genug ist (und bei
Bedarf nachgibt), also vielfältigen
Deutungen und Benutzungen offen.
»Die einfache Raumform«, notiert
der Architekt, »wird ›komplex‹
durch mögliche Vermischung,
Überlagerung, Verknüpfung.« Die

dem Haus zugrundeliegende Idee
gibt den Räumen eine relative
Geschlossenheit ebenso wie eine
relative Offenheit und Durchsichtigkeit, auch nach außen. Man kann
hierhin und dorthin sehen, diesen
mit jenem Raum verbinden, Glasschiebetüren öffnen, schließen. Der
Architekt spricht auch von »Raum-
schichten«, von »fließenden Über-
gangsfeldern« zwischen den »verschiedenen Häuten« des Hauses –
zum Wintergarten, zum Freisitz, zur
Speiseterrasse draußen, zu den
Rankgerüsten, unter die Vordächer,
zu den Hainbuchen am Haus: »flim-
mernde Überblendungen«, die dem
Haus seine Vieldeutigkeit einräu-
men und ihm seine kleinen
Geheimnisse lassen. Insofern ist
dieses Haus kein orthodox funktio-
nalistisches Haus, keines, das einer
bestimmten Familie für einen
bestimmten Zustand »auf den Leib
geschnitten« wäre, sondern ein
funktionstüchtiges Haus, das sich so
oder auch anders benutzen läßt.

Wie selbstverständlich wollte
der Bauherr der Natur so nahe wie
möglich bleiben: Das Haus ist
gebaut aus Fichten- und Tannen-
holz, gedeckt mit Zedernschindeln,

isoliert mit Kork (und mit Foamglas
in der Wärme speichernden Funda-
mentplatte), geklebt mit Kasein-
Leim. Auf den Fußböden sind Soln-
hofer Natursteinplatten und Stab-
holz verlegt, man geht auf Wolltep-
pichen; gestrichen wurde mit natürlichen Harzen, Wachs, Öl. Um
Energie zu sparen, haben die Nord-
und Ostseiten wenige und kleine
Fenster mit dreifachen Scheiben;
nach Süden hin zeigt das Haus viel
Glas, das Gerüst mit den rankenden Pflanzen mildert die Hitze.
Geheizt wird mit einem Kachelofen
(Holzfeuer) am Wohnraum, zusätzlich mit einer Zentralheizung (Gas-
feuer). Und für den Garten wird
das Regenwasser gesammelt –
wenn's nur nicht zu sauer ist.

Suchte man, das Besondere
dieses einfachen, schönen, klug
durchdachten Hauses auf einen
Begriff zu bringen, fände man als
Antwort Gegensätze, die am Ende
keine mehr sind: geometrische Disziplin und Offenheit, konstruktive
Strenge und Flexibilität, Ordnung
und Phantasie. Wer es nicht weiß,
könnte es nur ahnen: daß der
Architekt beim Entwerfen das ale-
mannische Holzfachwerkhaus der
Schwarzwaldlandschaft im Kopf
gehabt hat. Seine Arbeit gehört
allerdings nicht in die Rubrik
»regionalistisches Bauen«, sondern
in die ehrlichere: »beziehungsvolles
Bauen in einer Region«. Und wer
einen Blick dafür hat, entdeckt die
Liebe zur Renaissance, denn im
Obergeschoß gibt es eine geometri-
sierte Variation des Palladio-
Motivs. Zu den Ahnherrn des
Grundrisses gehört derjenige der
Villa Rotonda in Vicenza.

**Fertigstellung: niemals**

Haus in Fürstenfeldbruck
Architekt: Dipl.-Ing. Sampo Widmann
Bauherr: Garten- und Landschaftsarchitekt Peter Neuberger
Baujahr: 1978 ff.

Vom Wachsen ist bei diesem Hause viel die Rede, und so sind fast alle Präfixe in Gebrauch, die das Verbum zuläßt. Das zweistöckige Haus ist dicht umwachsen von Tannen und Fichten, Eichen und Robinien, Apfelbäumen und großen Fliederbüschen. Es sei, merkt der Architekt an, in das parkartige Grundstück »förmlich hineingewachsen – kein Baum wurde gefällt, es gab also auch keinen Platz für Baumaschinen wie Kran und Planierraupe«. Das kam seinen Intentionen sogar entgegen, da er es doch liebt, in Räumen kleine Häuser zu sehen und demzufolge ein Haus aus Häuschen zu bilden. So gehört es zum Wesen einer solchen Komposition, daß sie unvollendet ist: weil dem Häuserhaus bei Bedarf neue Zimmer (Häuschen) nach- und anwachsen können – etwas, das sich des dichten Baumbestands wegen hier allerdings verbietet.

   Das Haus, das einen ungewohnt malerischen Eindruck macht, war unter reger Anteilnahme des Bauherrn errichtet worden. Als es stand, war er so versiert, daß er es sich nach Ansicht seines Architekten sogar hätte zutrauen können, es nunmehr ganz alleine zu bauen. Daran indessen war niemals gedacht. Ursprünglich war nicht einmal vorgesehen, selber Hand mit anzulegen. Das ergab sich erst, während das Haus entstand. Firmen setzten die Einzelfundamente aus Stahlbeton, errichteten darauf – über der Erde »schwebend« – das Skelett aus Vollholz-Pfeilern,

-balken und -sparren, verschalten
es, richteten das Dach her, instal-
lierten die elektrische Einrichtung.
Alles andere ergänzte die Bau-
herrnfamilie. Fenster und Türen
von mitunter bizarren Formen aus
Abbruchhäusern wurden sofort eingesetzt, die Holzfußböden verlegt.

Als veränderte Umstände –
durch Kinder, durch das Büro, das
der Bauherr nun im Haus brauchte
– auch den Eingriff in die architektonische Konzeption notwendig
machten, kam es fast von selber
zum (leichten) Konflikt zwischen
dem Architekten und seinem Klienten. Der eine sah seine Idee ver-
letzt – weil, zum Beispiel, durch das
Schließen der Galerien im Wohnraum die projektierte räumliche
Großzügigkeit an Reiz verlor –, die
anderen fühlten sich im Recht, weil
sie eben dies von Anfang an vorge-
habt hatten und obendrein das
Recht für sich in Anspruch nahmen, das eigene Haus sich anzupas-
sen. Die Architektur hat das bisher
ertragen, sie hat sogar eine ihr
überraschend gemäße Ergänzung
durch ein Glashaus erfahren, das
der Bauherr – ebenso wie das gläserne Vordach am Eingang – nachträglich selber geplant und angebaut
hat, eine weidlich genossene
Arbeitsveranda. Inzwischen fällt es
schon schwer, sich das Haus ohne
diese zugleich malerische und praktische Erweiterung vorzustellen.

Den Bauherrn, der von Beruf
Garten- und Landschaftsarchitekt
ist, hat sein Haus zu mancherlei
Versuchen ermuntert. Er leitete das
Regenwasser von den Dachrinnen
unters Haus an die Baumwurzeln –
und sagt heute, daß sich das nicht
bewährt habe, weil der Raum
unterm Haus als Abstellraum
gebraucht wird. Er bepflanzte die
Dächer – und macht seither damit
interessante Erfahrungen. Er legte
darauf alte Schaumstoffmatratzen
(als Feuchtigkeitsspeicher) oder
fünf bis acht Zentimeter dicke
Steinwollplatten und darüber Roll-

rasen aus. Als der Rasen weitgehend vertrocknete, kultivierte Peter
Neuberger darauf eine »Kiesgru-
ben-Vegetation« mit mehreren
Arten Schafgarbe, Fetthenne, Grä-
sern, Geranium und so weiter, dazu
an die fünfzig verschiedene mediter-
rane Pflanzen, ferner Süßkartoffeln,
Schnittlauch, verschiedene Arten
der Schwertlilie und anderes. Die
Flächen bleiben unberührt, erfahren
keinerlei Pflege, werden weder
gedüngt noch gegossen oder
gemäht. »Je nach Witterungsverlauf
verändert sich die Vegetation von
Jahr zu Jahr.« Er erprobt auf den
Dächern ständig neue »trocken-
heitsresistente« Pflanzen, solche
also, die man nicht gießen muß.
Auf einer Plattform, die er auf dem
Dach anbrachte, hat er schon viele
Tomaten geerntet.

Inzwischen haben die Bewohner manches, was vorteilhaft
erschien, als Nachteil erfahren: Das
nischenreiche Haus brauche viel
Heizungsenergie, weil beinahe jedes
Zimmer drei Außenwände hat; die
Fußböden seien eiskalt, weil das
Haus auf seinen Einzelfundamenten
über der Erde steht und der flache
Raum zwischen Erd- und Fußboden
nicht geschlossen werden kann.

Die Wohnfläche dieses auf
einen Blick schwerlich zu erfassen-
den Hauses ist mit 151 Quadratmetern bemessen, die Baukosten
betrugen ungefähr 200 000 DM.
Nach einer Bauzeit von drei Monaten hatte das Haus gestanden, das
war 1978. Hinter die übliche Frage
nach der Fertigstellung schrieb der
Architekt: niemals. Er nannte es
ein *hand made house*. Man könnte
es mit einem Seitenblick auf eine
Sparte der zeitgenössischen Kunst
auch als *house in progress* bezeich-
nen. Der Architekt hat es zwar entworfen und ihm eine überzeugende
Idee aufgeprägt – der Bauherr hat
er sich genommen und es seinerseits
geprägt. Es gibt wenige Beispiele, in
denen der eine den anderen so strikt
abgelöst hat wie hier.

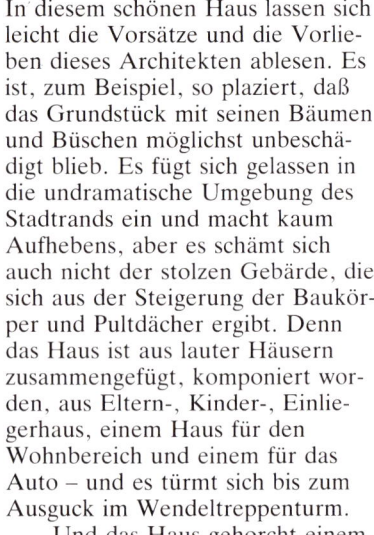

### Das Häuser-Haus

Haus in Pfaffenhofen
Architekt: Dipl.-Ing. Sampo
Widmann
Baujahr: 1980

In diesem schönen Haus lassen sich leicht die Vorsätze und die Vorlieben dieses Architekten ablesen. Es ist, zum Beispiel, so plaziert, daß das Grundstück mit seinen Bäumen und Büschen möglichst unbeschädigt blieb. Es fügt sich gelassen in die undramatische Umgebung des Stadtrands ein und macht kaum Aufhebens, aber es schämt sich auch nicht der stolzen Gebärde, die sich aus der Steigerung der Baukörper und Pultdächer ergibt. Denn das Haus ist aus lauter Häusern zusammengefügt, komponiert worden, aus Eltern-, Kinder-, Einliegerhaus, einem Haus für den Wohnbereich und einem für das Auto – und es türmt sich bis zum Ausguck im Wendeltreppenturm.

Und das Haus gehorcht einem quadratischen Rastermaß von 1,20 Metern, das man innen an den Schatten werfenden Nuten, außen an den Fenstern ablesen kann. Die fünf Baukörper sind verschieden groß, aber sie sind mitsamt den gleich geneigten Pultdächern gleich geformt. Man bemerkt sehr wohl die architektonische Zurückhaltung mit äußerlichen Effekten, verwendet wurden nur wenige Materialien. Der Ehrgeiz des Entwerfers entwikkelte sich vor allem im Innern, in der räumlichen Bewegung, die dieser Baukörper-Gruppe eigentümlich ist. Hier fällt vor allem die relative Offenheit auf, man genießt die vielen und vielerlei Durchblicke, die aber den Räume-Raum in diesem Häuser-Haus zugleich zusammenhalten. Und noch viel mehr als außen entfaltet das Haus im Innern seinen räumlichen Rhythmus, sein dreidimensionales Temperament. Es gibt viele perspektivische Überraschungen, die das Auge beschäftigen, aber nicht beunruhigen.

Eine andere Vorliebe des Architekten ist das, was er das Glashaus nennt, einen verandaförmigen, verglasten Vorbau, der dem Wohnzimmer eine nischenartige Sitzgrube einbringt und die Bewoh-

ner gewissermaßen – wetterge-
schützt – in den Garten lockt. Dieses Glashaus könnte, sollte es zu pas-
siven Nutzung der Sonnenenergie für
notwendig erachtet werden, abgetrennt werden.

Und endlich sind die Farben zu
nennen, und das bedeutet meistens:
die Materialien. Da ist der von der
Imprägnierung herrührende grünliche Ton der Fichtenbretter an der
Fassade, der allmählich verwittert
und grau wird. Da ist das zum
erwarteten Grau passende Rot der
Frankfurter Dachpfannen, und da
ist das – aus demselben Grund
gewählte – kräftige Blau der Fenster und Türen.

Das Haus ist (über dem massiven Teil-Keller) aus Vollholz konstruiert. Die Fassaden wurden senkrecht verschalt; jedes Brett ist für
sich an die Unterkonstruktion
geschraubt, so daß es leicht ausge-
tauscht werden kann. Das Innere ist
mit Sperrholz aus Douglas-Fir ausgeschlagen, aber so, daß die Konstruktion zu großen Teilen frei, also
sichtbar bleibt. So ergab sich, sagt
der Architekt, »die Gestaltung der
Räume aus dem Zusammenspiel
von Konstruktion, (Wand-)
Bekleidung und den räumlichen
Beziehungen der verschiedenen
Baukörper«. Und: »Zusätzliche
Dekoration ist nicht erforderlich,
sie wäre störend.« Ein außen
umlaufender Holzrost, der sich vor
dem Wohnzimmer im Südwesten zu
einer Terrasse erweitert, leitet vom
Haus zum Garten über.

Es versteht sich von selbst, daß
das Glashaus auf der Westseite
liegt, um besonders im Winter so
viel späte Sonne wie möglich ins
Haus zu holen. Die Fenster haben
Isolierglas, die Fassade ist natürlich
hinterlüftet und lückenlos mit einer
Wärmedämmung versehen, so daß
man das ganze Haus – Tage strengen Frostes ausgenommen, wo die
Erdgas-Zentralheizung zur Hilfe
genommen wird – mit dem großen
Ofen heizen kann. Er steht genau

in der Mitte des Hauses, an der
kantig gewendelten Treppe. Diese
Treppe, die selbstbewußt posierend
das Zentrum des Hauses bildet, ist so
offen wie das ganze Interieur.

Das Holzskelett war im Herbst
1979 aufgestellt und im Winter ausgebaut worden. Im folgenden Früh-
jahr, nur sechs Monate später, war
der Bau fertig. Gekostet hat das
große Haus mit seinen 156 Quadratmetern an Wohnfläche und der
60 Quadratmeter großen Einliegerwohnung 385 000 DM an reinen
Baukosten, das sind für einen Quadratmeter knapp 1700 DM. Tatsächlich weckt dieses Haus so viel
Sympathie, weil es zwar bayrisch
wirkt, aber nicht bayrisch tut, und
weil es bei aller Großzügigkeit viel
Bescheidenheit erkennen läßt.

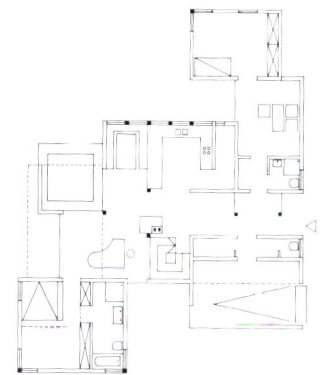

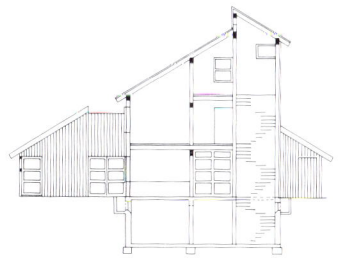

## Schule der Kinder, der Lehrer, der Eltern

Freie Waldorfschule in Hannover-Bothfeld
Architekten: Dipl.-Ing. Hermann Boockhoff und Dipl.-Ing. Helmut Rentrop
Baujahr: 1983

»So etwas Spannendes wie diesen Sommer«, sagte einer der Architekten, »habe ich mein Lebtag nicht erlebt.« Nämlich zusammen mit Eltern, Kindern, Lehrern sowie einem erst skeptischen, schließlich begeisterten Zimmermeister eine Schule zu bauen. Sie war notwendig geworden, weil das existierende Schulhaus längst überfüllt war und die Eltern aufgerufen wurden, sich selbst zu helfen: Grundstück finden, Geld zusammenbringen, die Stadtverwaltung gewinnen, planen, bauen. Die Architektur wurde so eigenwillig und so erfrischend gewöhnlich, so sinnfällig und so preiswert wie noch keine Freie Waldorfschule. Eltern und Lehrer waren sich mit den Architekten schnell einig: lieber eine einfache Holz-Schule, die sie im wesentlichen selbst (mit)bauen könnten, als ein expressionistisches Beton-Melodram, auf das sie jahrelang hätten warten müssen.

So entstanden fünf, mit umlaufenden Kolonnaden regensicher untereinander verbundene, um Höfe gescharte Holzhäuser. Drei davon enthalten je zwei Klassenzimmer; es gibt ein Holzhaus mit Waschbecken und Toiletten, eines mit dem Eurhythmiesaal und dem Lehrerzimmer. Inzwischen sind ein Backhaus und eine Werkstatt (aus Resten) dazugekommen. Auf den Dächern wächst widerstandsfähiges Gras, das sich selbst reguliert.

»Jeder von uns«, sagte ein Vater, »fühlt sich als Eigentümer

dieser Schule, es ist Gemeinschafts-
eigentum in einem ganz tiefen
Sinne.« Zwar haben, um die Baukosten bezahlen zu können, sowohl
die alte Waldorfschule als auch
andere Spender insgesamt 640 000
DM zusammengebracht, aber das
andere haben die Eltern allesamt
selber beigesteuert: Jeder mußte ein
Monatsgehalt spenden, drei Monate
lang an jedem Wochenende und
eine Urlaubswoche lang auf dem
Bau arbeiten. (Es begeisterte auch
die meisten der hundertfünfzig Kinder der ersten fünf Klassen.) Und
sie mußten vierhundert Freunde
und Verwandte finden, die mit je
dreißig Mark für die monatliche
Pacht aufkommen.

Die Schulbaustelle haben viele
zugleich als einen großen Abenteu-
erspielplatz empfunden. »Ich habe
Leute gesehen«, sagte jemand, »die
hier zu sich selbst gefunden haben –
im Kampf mit den Nägeln, den
Brettern, mit dem Parkett, den
Elektrostrippen, dem Stecheisen,
der Erbsensuppe und dem Zwiebel-
kuchen.« So gelang den Bauherren
das erste Beispiel einer zeitgenössischen, gänzlich ungewohnten Interpretation des Steinerschen Gedan-

kens: Der Geist dieser *Menschenge-
meinschaft* gibt sich hier anders als
sonst zu erkennen. Das Ereignis ist
nicht die Architektur als Form –
eine im übrigen sehr schöne, einfache,
anheimelnde, Vertrauen schaf-
fende, anmutige Architektur, die
keine verbalen Kraftakte nötig hat
–, sondern Architektur als Aus-
druck eines Geistes, unverwechsel-
bar und als immerwährendes Ereignis. Mit Holz kam man dem allen
am nächsten.

## Spare mit Spaß – baue mit Lust

70 Gartenhof- und Reihenhäuser
in Hannover-Bothfeld: Siedlung
Laher Wiesen
Architekten: Dipl.-Ing. Hermann
Boockhoff und Dipl.-Ing. Helmut
Rentrop
Baujahr: 1983/84

In den ersten vier Wochen hielt es
der Bauherr Boockhoff in seinem
neuen Haus niemals länger als eine
Viertelstunde an einem Platz aus.
Obwohl er es als Architekt doch in-
und auswendig kannte, war es für
ihn jetzt, da aus der Zeichnung ein
Gebäude geworden war, auf einmal
so neu und so voll von überraschen-
den Ausblicken, Durchblicken, per-
spektivischen Reizen, daß es ihn
umhertrieb. Seinen Besucher führte
er dann auch bald an den Punkt,
von dem er sagt: »Seh'n Sie mal,
hier: Von hier aus haben Sie den
längsten Blick und durch das meiste
Glas.« Und eigentlich hätte er am
liebsten hinzugesetzt: »Schön, nicht
wahr?«
    Diese Stelle befindet sich da,
wo der nach hinten ausgreifende
Seitenflügel einen kleinen Schwenk
um den Gartenhof macht und den
Blick nach vorn eröffnet: über den
Hof, durchs Wohnzimmer, weiter
durch den Wintergarten in den Vorhof und auf den Wohnweg. Mit
einem Fernglas würde es einem
sogar gelingen, auch noch durch
Nachbars Haus gegenüber hin-
durchzugucken. Aber das tut hier
keiner, wohl weil sie samt und son-
ders (noch) keine Gardinen hinterm
Glas haben, nur ein kleines bißchen
hübschen Krimskrams und etwas
Grünzeug. Diese Durchsichtigkeit
hat nichts von einer holländisch-
calvinistischen Moraldemonstration,
sondern ist eher ein Zeichen von
Sparsamkeit: Wahrscheinlich hatte
für so etwas bloß noch keiner Zeit
gehabt.

Und auf einmal sagt Frau Boockhoff, bevor sie oben die Schlafzimmertür zum Dach öffnet, auf das die flache, klare Herbstsonne scheint: »Ah, das Gras ist wieder so schön grün!« Ihre Bemerkung wäre kaum gefallen, wenn damit nur die Weide gemeint gewesen wäre, die sich weit hinüber bis zur Waldorfschule (von denselben Architekten, siehe Seite 108 ff.) dehnt. Hier ist die Rede vom Gras, das auf den Dächern wächst, und tatsächlich gehören die grasbewachsenen Dächer zum augenfälligsten Charakteristikum der Siedlung.

Diese Siedlung ist aus mehreren Gründen einzigartig. Sie ist ein Musterbeispiel für den Vorsatz, um dessentwillen sich soeben auch ein Verein gebildet hat: nämlich Mensch, Umwelt und Geld auf die ersprießlichste Weise miteinander in Einklang zu bringen. Gründer dieser »Gesellschaft für soziales, ökologisches und wirtschaftliches Bauen« sind fünf Architekturbüros, und alle fünf haben sich damit schon hervorgetan: Walter Mühlbauer und Richard Demmel in München, Rolf Disch in Freiburg, dt 8 in Köln, Siegfried Zimmermann in Hamburg und, nicht zuletzt, Helmut Rentrop und Hermann Boockhoff in Hannover, die Architekten der Siedlung Laher Wiesen.

Auf den Tag genau ein Jahr, nachdem mit ihrem Bau begonnen worden war, bekamen die beiden vom Bundeswohnungsbauminister einen Preis (und eine scheußliche Plakette für die Hauswand) überreicht. Auch andere Häuser und Häusergruppen (gar nicht zufällig einige von den anderen Gesellschaftsgründern) waren ausgezeichnet worden; die Siedlung Laher Wiesen jedoch war unbestritten der Favorit dieses Bundeswettbewerbs.

Dessen Ziel war herauszufinden, wie das am besten zu machen sei: unter Mitarbeit der Bauherren möglichst eng beieinander für so wenig Geld wie möglich die (energie-)sparsamsten, jedoch architektonisch anspruchvollsten Häuser zu bauen, in denen – auch das noch – mehrere Generationen einer Familie neben- und miteinander zu leben vermögen, Eltern, Großeltern, Kinder, Kindeskinder. Die Siedlung Lahrer Wiesen ist der bisher wohl intelligenteste Versuch dieser Art – und ein Tip für den Wohnhausbau der Zukunft.

Die Idee war den Architekten beim Bau der neuen Freien Waldorfschule am anderen Ende der Wiese gekommen, deren Leitmotive, zusammengefaßt, etwa diese waren: Jedes Elternpaar (also jeder Bauherr) gibt ein Monatsgehalt, arbeitet eine Urlaubswoche sowie drei Monate lang jedes Wochenende auf dem Bau, sammelt außerdem Spenden für den Rest der Bausumme und die Pacht. Die Schule sollte einfach, aber schön werden: Gebäude aus Holz, Verwendung vieler (billiger, aber untadeliger) Baumaterial-Reste, Dächer aus Gras. Die Schulhäuser bilden, mit Kolonnaden regensicher untereinander verbunden, Höfe: ein Schuldorf.

Kurz danach, gegen Ende des Jahres 1982, fanden die Architekten die Idee ganz reizvoll, am anderen Ende des Weidelandes ein paar Einfamilienhäuser für sich und einige andere Leute zu bauen, auch aus Holz, auch mit grasgedeckten Dächern. Es sollte auf jeden Fall eine Gruppe von aufeinander bezogenen Häusern werden – so preiswert, so umweltfreundlich, so schön wie möglich. Der Einfall sprach sich mit Windeseile herum. Bald waren fast hundert Interessenten beisammen.

Die Architekten indessen planten nun nicht, von der Idee in Trance versetzt, einfach drauflos, sondern unterwarfen sich einem Prozeß, den der eine von ihnen, Hermann Boockhoff, als Stadtplaner schon einmal in der hannover-

schen Siedlung Davenstedt-West praktiziert hatte. Er erforschte in langen, dennoch lustig anzuschauenden Fragebögen seine Mit-Bauherren, ergründete ihre Lebensgewohnheiten, Wohnwünsche, Steckenpferde, fragte nach der Zahl der Kinder, nach Anverwandten, die mit beherbergt werden sollten; er erkundigte sich, wer Hunde hält, Musikinstrumente spielt (und wie laut), welche Berufe ausgeübt werden.

Sinn dieser Recherche war erstens, Traum und Wirklichkeit voneinander zu trennen, herauszufinden, wer sich ein wie großes Haus leisten konnte, wer wieviel Platz brauchte, wer welche Vorlieben pflegte. Zweitens wollten die Architekten auch herauskriegen, wer sich am ehesten mit wem als Nachbarn zu vertragen schien.

Alle zwei Wochen fanden sodann »Großgruppengespräche« statt – um sich kennenzulernen, um den Grundstückskauf in Gang zu bringen; man redete über den Bebauungsplan, also über die Plazierung der Häuser, die Gliederung der Siedlung, natürlich auch über die Kosten und die Möglichkeiten

der Finanzierung. Ein Kosten- und Zeitplan wurde aufgestellt. Bald schlossen sich »Kleingruppengespräche« an. Schließlich gab es eine handlungsfähige Gruppe, und inzwischen existierte auch ein »Grobentwurf« der Häuser und der Siedlung. Der erste Bauabschnitt vereinigte 46, der zweite 24 Bauherren (und zusammen ungefähr 150 Kinder).

Man wählte Bevollmächtigte, die seitdem eine Gesellschaft bürgerlichen Rechts repräsentieren: Planungspartner der Architekten wie der Bauherren.

Nur eine Straße durchzieht die Siedlung in Ost-West-Richtung; von ihr zweigen links und rechts die Wohnwege ab. Wichtig war, daß die jeweils neun bis elf Häuser, die an ihnen aufgereiht sind und eine Gruppe bilden, sich zu diesem Weg hin öffnen: Die Eingänge liegen sich gegenüber, man soll sich sehen, sich treffen, jedenfalls das Gefühl haben, miteinander zu leben – und, natürlich, auch einander zu helfen, sofern es notwendig wird. Zu jedem dieser Wohnwege gehören eine Sauna, ein Werkstattraum (oder anderes); ein Ofen heizt jeweils neun Häuser. Allen in dieser Siedlung gemeinsam wird eine Halle gehören, ein wettergeschützter (Markt-)Platz also, eine Art geschlossene Loggia: gedacht für die Kinder im Winter, für den Markt (auf dem auch der Gärtner der Waldorfschule sein ungespritztes Gemüse verkaufen wird), für Versammlungen, für Feste.

Und natürlich gibt es nichts,

was nicht gemeinschaftlich beschlossen worden wäre: zum Beispiel die Wohnstraße mit Kirschbäumen zu bepflanzen (die zum Ernten baumweise vermietet werden können), den Straßen Gräsernamen zu geben (In den Binsen, In den Seggen, Im Zittergras, Im Straußgras, und der Weg am Wiesenrand zum Schulgelände drückt zugleich den Wunsch aus: Ewige Weide). Dieses Übereinkommen, alles Wichtige gemeinsam zu beschließen, hat zusammen mit den ungeheuer aufreibenden, für manche Familien verzweiflungsvollen Anstrengungen, die das Selberbauen an Feierabenden, Wochenenden, in Urlauben verursachte, und auch mit finanziellen Überanstrengungen, mächtig an den Nerven gezerrt und zu mitunter bösen Vorwürfen geführt. Solche Ausbrüche haben vor allem die beiden Architekten bedrückt: sie, die für jeden ein Ohr hatten, die immer da waren, die immer neue Einfälle hatten, meistens, wenn auch anstrengenden Rat wußten, Hilfe vermittelten, die vielleicht nur ein bißchen zu treuherzig waren.

Es ist schwer, alle interessanten Ideen dieser Architektur-Veranstaltung zu nennen. Da wurde dank einer überaus geschickten Interpretation der Baunutzungsverordnung an teurem Boden gespart: Die Flächen von Abstellräumen und Wintergärten wurden nicht dem Haus, sondern (wie Garagenplätze und Wege) dem Grundstück zugerechnet; so durften statt 60 nunmehr 70 von 100 Quadratmetern der Grundfläche bebaut werden. Nicht zuletzt um diese Dichte zu kompensieren, wurden die Dächer mit Grassoden gedeckt. Um an Boden zu sparen, wurden auch die Wege und die Straße so schmal wie möglich gehalten (und Feuerwehr und Müllabfuhr davon überzeugt, daß sie immer noch genug Platz hätten). Die Privatisierung der Wohnwege hat wiederum die Phantasie bei der Gestaltung herausgefordert, denn so war jedermanns Interesse geweckt.

Weiter entwarfen die Architekten zwei Gebäudetypen: ein Haus, das einen Gartenhof umschließt, und ein Reihenhaus. Beide sind grundsätzlich individuellen Deutungen zugänglich. Tatsächlich ist kein Haus so groß wie das andere, gleicht keines dem anderen, obwohl alle die gleiche Architektur zeigen.

Es waren – wiederum gemeinsam von den entwerfenden Architekten und den Bauherren erörtert – Spielregeln für die äußere und die innere Gestaltung (und alle dazu notwendigen Rechtsformen und Verträge) aufgestellt worden.

Die Konstruktion der Häuser sollte ausdrücklich preiswert, aber auch ästhetisch reizvoll sein:

Die Giebelwände sind aus billigen blaßroten Backsteinen von lebendiger Vielfalt aus der DDR. (Da sie nicht frostbeständig sind, wurden die Stirnseiten jeder Reihe verklinkert.) Mauersteine speichern Wärme, dämmen den Schall, nehmen im Gegensatz zu Holz Feuchtigkeit auf und verhindern das berüchtigte Barackenklima.

Für das Innere wurde eine Holzkonstruktion gewählt: Die Pfeiler sind, um sie schlanker machen zu können, brettschichtverleimt, die Balken darüber aus Vollholz, weil das billiger ist.

Die Architekten bemühten sich zugleich um ebenso einfache wie schöne Details; sie verwendeten erprobte industrielle Fertigungstechniken, nutzten die Vorteile des Großeinkaufs von gleichen Bauteilen (ohne die individuellen Vorstellungen der Bauherren zu behindern). Endlich ersparten sie ihren Bauherren den teuren Generalunternehmer, organisierten alles selber und wichen der Bürokratie aus, wo immer es sich anbot. Sie sparten ihrer Klientel nicht nur Geld, sondern auch späteren Ärger: So besannen sie sich einer uralten, vergessenen Praxis, die Installationsleitungen nicht wie üblich unter den Wegen einzugraben, sondern in einem Schacht quer durch die Häuser zu führen, jederzeit zugänglich. Man braucht nur eine Klappe im Fußboden zu heben, um an Wasser-, Abwasser, Strom-, Telephon-, Heizleitungen zu kommen. Und so konnte auf den Wohnwegen vieles gepflanzt werden, was sich tiefer Wurzeln wegen sonst verbietet.

Am meisten Geld sparten die Bauherren allerdings selber: Sie legten Hand an, wo immer sie es sich zuzutrauen vermochten, die Architekten hatten bei ihrem Entwurf präzis daran gedacht. Eine Baufirma hatte auf dem Terrain zuerst den 20 Zentimeter dicken Mutterboden beiseite geschoben, einen halben Meter Sand aufgeschüttet,

darauf eine 15 Zentimeter dicke Betonplatte gegossen (die in den Wintergärten, der Wärmespeicherung wegen, doppelt so dick ist): das Fundament. Maurer errichteten die Giebelwände, Zimmerleute stellten die Holzkonstruktion mit Wänden und Decken auf, Glaser setzten Fenster und Türen ein.

Dann traten die künftigen Bewohner in Aktion: Sie halfen beim Dachdecken mit Erde und Gras (das sein Wachstum selber reguliert), beim Verkleiden der Wände; sie verlegten die Fußböden aus Ziegeln, Platten oder Dielenbrettern, strichen Wände (mit natürlichen Farben), bauten Schränke ein. Angeregt durch tausend Fragen und Hilfsbegehren, heuerten die Architekten alsbald drei handwerklich erfahrene, pädagogisch begabte Studenten »mit Ernst Bloch in der Tasche und dem Hammer in der Hand« als Selbsthilfe-Lehrer an: Sie arbeiteten Gebrauchsanleitungen aus, unterwiesen die Selbstbauer, zeigten, wie man's macht (und wurden mitunter auch ausgenutzt: so daß, während sie etwas immer wieder vormachten, das Werk auf einmal fast fertig war).

Das wichtigste Kennzeichen des Grundrisses in den Gartenhofhäusern und ihr größter Reiz ist, daß er das »Durchwohnen« von Ost nach West (und umgekehrt) erlaubt und daß er Höfe bildet, hinten einen allseits umschlossenen Gartenhof, am Weg einen kleinen, individuell zu nutzenden Vorhof. So erledigte sich auch die Streitfrage, ob es sich westlich oder östlich des Wohnweges besser hausen lasse, von selber, die Sonne scheint von allen Seiten durchs Haus.

Man betritt es durch den Wintergarten, der zwischen der Küche (mit den Abstellräumen) und dem Kinderspielzimmer angelegt ist. Durch Schiebetüren öffnet sich der große, je nach Gusto ein oder zwei Stockwerke hohe Wohnraum. Nach

hinten greift ein langer Seitenflügel aus, der in ein Gartenzimmer mündet. Den Hof schließt dahinter ein Querriegel mit einer Einlieger- oder Nebenwohnung ab, die auf sehr verschiedene Weise genutzt wird: von Großeltern, anderen Verwandten, erwachsenen Kindern, fremden Mietern, für Büros und Werkstätten. Der Gartenhof – teils gepflastert, teils bepflanzt – mißt zehn Meter im Quadrat.

Der Preis für das menschen- und umweltfreundliche, schöne und einfache Paradies aus Holz und Stein, Glas und Gras ist nicht hoch. Ein Reihenhaus (mit Gartenhof) von 110 bis 130 Quadratmetern Wohn- und Nutzfläche kostet inklusive Grundstück etwa 200 000 bis 230 000 DM, ein Zweifamilienhaus mit 270 Quadratmetern ungefähr 400 000 DM. Für einen Quadratmeter Wohn- und Nutzfläche ergibt sich ein Preis von 1850 bis 1950 DM. Die Devise war: »Spare mit Spaß – baue mit Lust«. Einige Bauherren, die ihre Kräfte beim Selbermachen überschätzt und die Zeit, die es beansprucht, unterschätzt hatten, empfinden sie nun bitter als Hohn.

Im Wohnweg In den Binsen haben die Bewohner sich auf einen ockergrauen, gut zur Backsteinfarbe passenden Ton für das Lasieren der Holzfassaden geeinigt; für Fenster und Türen haben sie sich aus drei, vier Grundfarben Varianten von Blau bis Lila ausgedacht. Kann sein, daß sie, wie andere, später ein bißchen frecher werden.

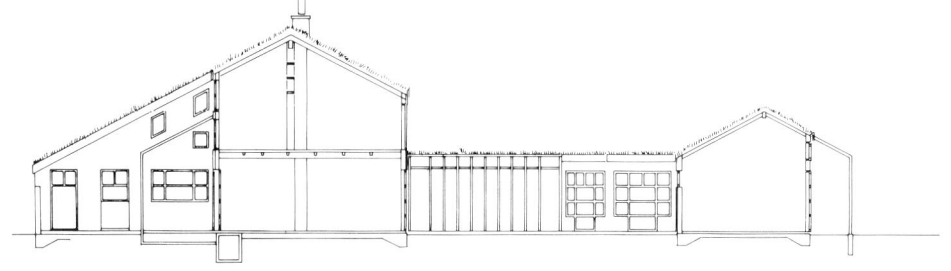

119

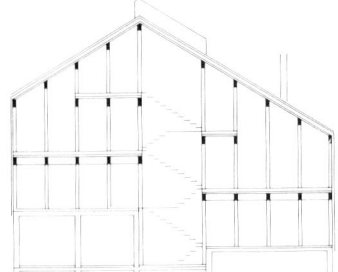

## Vier Quadrate, zwei Wohnungen, ein Gebäude

Haus in Ebenhausen, Gemeinde
Schäftlarn bei München
Architekten: Dipl.-Ing. Elmar und
Sigrid Dittmann
Baujahr: 1983/84

Es gab Besucher, die fühlten sich
an Ludwig Mies van der Rohe erinnert. Mies in Holz? Und in Bayern?
Weder ist das Haus von dem Welt-
berühmten, noch hat es ein Stahl-
skelett. Es ist aber auch nicht die
Spur trachtenbayrisch – doch es läßt
etwas vom Geist des asketischen,
streng denkenden, logischen Kon-
strukteurs spüren, und deswegen
kann dieses Haus überall, aber
eben auch in einer urbayrischen
Umgebung stehen, zumal in einer,
die sich ohnehin sehr eigenartige
folkloristische Gebärden von Häusern gefallen lassen muß.

Das Haus steht in einem topographisch reizvollen Gelände: hüge-
lig, geprägt von großen alten Bäumen und Baumgruppen, aber auch
von Einfamilienhäusern, die man
teils Villen, teils Bungalows zu nennen pflegt und die den allgemeinen
architektonischen Stadt- und Dorf-
randverschnitt erkennen lassen.
Dittmanns Haus, das heute, seit die
Gemeinde per Satzung weit über-
stehende – wenngleich für die
Gegend untypische – Dächer verlangt, nicht mehr so hätte gebaut
werden können, enthält sich aller
Tümelei. Es ist ein selbstbewußtes
Haus, aber in seiner Umgebung
kein Störenfried – eher ein freundli-
cher Lichtblick.

Zu seiner Geschichte gehört es,
daß der Kreisbaumeister von dem
Entwurf sehr angetan, der Bürgermeister aber dagegen war, der
Gemeinderat zuerst negativ ent-
schied; daß die Architekten, nach
fünfjähriger (Lehr-)Tätigkeit in

120

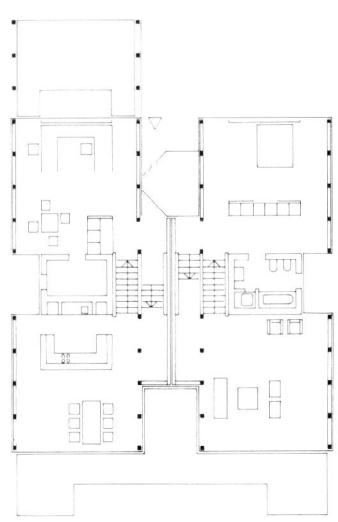

121

Nigeria und Ghana im Verhandeln, Nachgeben und Überzeugen geübt, ihren Entwurf schließlich erklärten, in Zeichnungen und im Modell, sogar ein Schnurgerüst in natürlicher Größe errichteten, um die Kritiker, die vor allem an der Höhe Anstoß nahmen, zu besänftigen. »Gut«, hatte eine Politikerin dazu gesagt, »daß Sie im Bauausschuß waren und ihn überzeugt haben.« Es gehörte endlich dazu, daß dieser Bauausschuß einmütig zustimmte, einer späteren Tektur des Daches aber nur mit vier gegen drei Stimmen die Genehmigung erteilte – auch gegen die Stimme des Bürgermeisters, der den Bauherren und Architekten ihr Haus aber nicht verderben wollte und seine Hand erst zum Nein erhob, als er die Mehrheit für den Entwurf gesichert sah.

Das Haus steht auf einem 1400 Quadratmeter großen, mit 23 Metern verhältnismäßig schmalen Grundstück und ist so plaziert, daß es einen grünen Raum, der von der Kirche, einem Sechsfamilienhaus und einer stattlichen, langen Reihe von Bäumen gebildet wird, zu schließen scheint. Es ist ein großes Haus, aber es wirkt außen viel kleiner. Und es ist ein Doppelhaus, obwohl in dieser von Einfamilienhäusern gekennzeichneten Gegend eben dieser Eindruck vermieden wurde: ein kompakter Baukörper von leichter Bewegung, die vor allem durch die Brechungen des Satteldaches und die Nischen in der Fassade hervorgerufen wird.

Das quadratische, 15 mal 15 Meter messende Haus scheint zweistöckig zu sein, es hat jedoch fünf, sechs Halbgeschosse. Es besteht aus vier Grundriß-Quadraten, von denen jeweils zwei eine Haushälfte bilden. Die Längsachse, die die beiden Häuser unter dem einen Dach teilt, enthält den gemeinsamen Eingang im Norden und eine Gartennische im Süden. Die Querachse, die jedes der beiden Häuser gliedert,

enthält den gemauerten, aus statischen Gründen mit Betondecken versehenen Kern, das Rückgrat jeder Haushälfte. Darin befinden sich die Badezimmer, natürlich die Installationen; nicht zuletzt aber hat der Kern die Aufgabe, das Holzhaus gegen Wind auszusteifen, ihm Halt zu geben. Sein innen wie außen weiß geschlämmtes Mauerwerk hat wie der weiße Steinfliesen-Fußboden aber auch die Aufgabe, als »Speichermasse« Wärme aufzunehmen – der Kern von der Sonne und der Raumtemperatur, die Fliesen von der Fußbodenheizung – und nach innen abzustrahlen. Es wäre deshalb absurd gewesen, Teppiche zu spannen oder einen Holzfußboden zu verlegen; beides sind schlechte Wärmeleiter.

Der Reiz des Grundrisses liegt in seiner senkrechten Verknüpfung. Die Stockwerke sind gegeneinander versetzt, eine Anregung, die von der sanften Neigung des Grundstücks ausgegangen ist. Originell aber ist, daß die Nord- und Südräume nicht einfach halbgeschossig versetzt sind, sondern teils um zwei Drittel, teils um ein Drittel: fast unmerkliche Hinweise, Räume mehr – oder weniger – stark miteinander zu verbinden. Das gibt dem Haus, das nach Wunsch einen einzigen oder viele (geteilte) Innenräume hat, seinen eigenartigen Rhythmus. Es ist fast selbstverständlich, daß dabei ungewöhnliche Räume entstehen: eine Empore zum Beispiel, die die Bibliothek des Architekten-Paares aufnimmt und einen seitlichen Auslug von besonderem Reiz hat, denn der Blick fällt genau auf eine große alte Linde im Garten; der Dachraum zum Beispiel mit seinem großen schrägen Fenster über einem geräumigen Platz, der um zwei Stufen höher liegt und, wenn man will, vom Schlafzimmer aus gesehen werden kann, genauer, man kann zum Firstfenster hinaussehen. Das Haus ist freilich auch so gegliedert, daß

die beiden unteren Ebenen (auch eine von beiden) abgetrennt und zur Einliegerwohnung werden können.

Die Konstruktion des Hauses ist von einer außerordentlich interessanten Einfachheit und so gescheit konzipiert, daß die Bauherren mit Freunden erheblich selber haben Hand mit anlegen können. Sie haben das Holzskelett ausgefacht, die Fassade verschalt, die Gipswande passend gemacht und eingefügt, die Fliesen auf dem schwimmenden Estrich und in den Naßräumen verlegt und vieles andere mehr getan.

Das Haus ist aus zwei und drei Stockwerke hohen Holzrahmen zusammengesetzt, die leicht an Bilderrahmen denken lassen. Ihre Höhe staffelt sich zum First hin, fünf von Norden, fünf von Süden. Das Dach hat eine Neigung von dreißig Grad. Die zweimal fünf Rahmen – für beide Haushälften zusammen also viermal fünf –, zusammengefügt aus Stützen und Querträgern, sind durch die Holzbohlen der Deckenplatten miteinander verbunden und ausgesteift. Da im Holzbau die Regel gilt, die Konstruktion ablesen zu können, sieht man beispielsweise, wie die Fassade hinterlüftet ist, man erkennt im Innern aber auch die fünf Zentimeter dicke, doppelt verzapfte Bohlenschicht in der Decke, die die Bücherempore im Wohnzimmer bildet: Aussteifung und Brandschutz.

Stützen und Träger – oder Pfeiler und Balken – sind auf einfachste Weise miteinander verbunden. Die Balken, an den Enden mit einem Schlitz versehen, sind in Deckenhöhe in Stahlschwerter eingehängt und befestigt, die, an Stahlplatten geschweißt, an die Pfeiler genagelt sind. Diese eigenwillige Holzrahmenkonstruktion ist das tragende, durch die gemauerten Kerne und die schweren Decken versteifte Skelett des Hauses, dem die Fassade vorgehängt ist. Auch Türen und

123

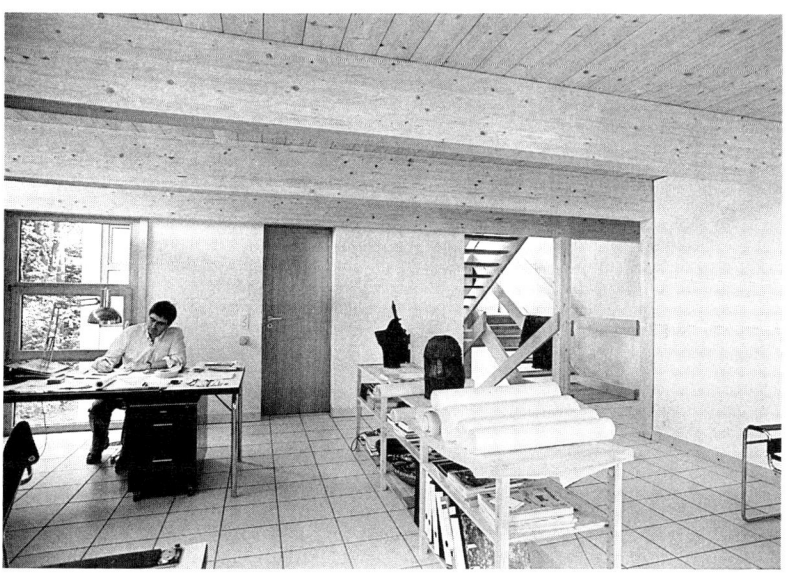

Fenster sind nicht kompliziert in die Laibungen eingefügt, sondern einfach aufgesetzt. Das erleichterte den Bau, es sparte Arbeit, also Lohnkosten.

Das Holz bleibt vollständig unbehandelt. Es soll mit Würde altern, so natürlich wie möglich, und möglichst rasch heustadelgrau werden. Der Holzschutz geschieht konstruktiv durch Hinterlüftung: Das Material kann seinen Feuchtigkeitshaushalt stetig regeln. Am liebsten hätten die Architekten auch die Fensterrahmen unbehandelt gelassen, aus Lärchenholz, doch der Tischler widersetzte sich dem. Er bekomme, sagte er, nirgendwo lange genug abgelagertes Holz. So könne er nicht gewiß sein, daß es »zur Ruhe gekommen« ist und nicht mehr allzu heftig arbeitet. Ihm würde, sagte er, vom Handel nicht einmal der Zeitpunkt garantiert, an dem das Holz geschlagen worden ist. Deswegen fiel die Wahl auf Fichtenholz, aus dem das ganze Haus (bis auf die Treppenstufen aus Esche) gemacht ist, außen gestrichen mit einem mittleren Blau, das einen Stich ins Graue hat und nicht glänzt: So läßt es die Maserung noch ahnen. Dunkelblau verbot sich, weil die Sonne das Holz so aufheizen würde, daß es sich verzöge und risse. Weiß wäre ideal gewesen, dann hätten die Fenster auf der vorerst noch hellen Holzfassade aber ausgesehen »wie Augen ohne Wimpern« (weswegen Frauen es ja bisweilen als notwendig empfinden, ihren Gesichtern mit Lidstrichen Kontur zu geben). Möglich, sagen die Architekten, daß sie die Fenster irgendwann später einmal doch weiß streichen – wenn das Holz dunkel genug ergraut ist. Das Dach ist mit Titanzinkblech gedeckt, ebenso wie die holzverschalte Garage vorm Haus an der Straße.

Die verleimte Holzkonstruktion kam aus der Fabrik und brauchte nur zusammengefügt zu werden.

Der gemauerte Teil entstand vorab, wobei die Holzbaufirma darauf bestand, daß eine Toleranz von 10 Millimetern nicht überschritten werden dürfte. Paßte alles ganz genau? Elmar und Sigrid Dittmann schmunzeln bei dieser Frage. Theoretisch, wissen sie, verlangt und erlaubt Holz minimale Maßabweichungen von 8 bis 10 Millimetern. In Wirklichkeit, bemerkten sie, ergaben sich im Holzskelett Differenzen bis zu 20 Millimetern. »Keine Stütze steht wirklich kerzengerade«, sagen sie, und keine der gipshaltigen Wandplatten, die sie zwischen Stützen und Träger einsetzten, sind noch wirklich rechteckig. Sie sind sich im klaren darüber, daß es teuer geworden wäre, hätten nicht sie, sondern Handwerker die Wände bearbeitet. Ihre Erfahrung: »Man wundert sich – vorausgesetzt, die Holzkonstruktion ist einfach genug konzipiert –, was alles man selber kann, und wie schnell.« Genau ein Jahr nach Baubeginn konnten sie einziehen.

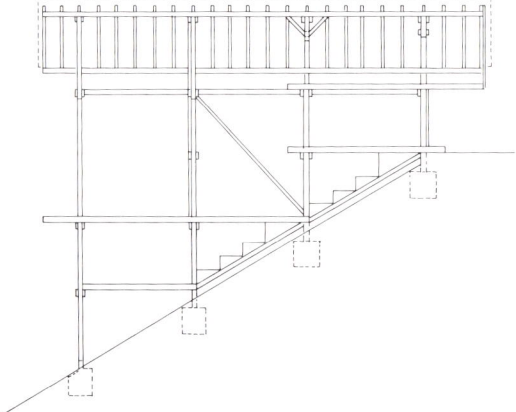

## Wohnen mit Witz

Haus am Ossiacher See in Kärnten
Architekt: Dipl.-Ing., M. A.
Manfred Kovatsch
Baujahr: 1977

Wie viele Holzhäuser gibt es, die bei der ersten Vorlage an der Paragraphen-Nörgelei, am fachlichen Mißtrauen, vor allem aber am ästhetischen Stumpfsinn von Baubeamten gescheitert sind und erst nach hartnäckigem Insistieren geduldet wurden! Den einen schienen sie zu schäbig (»Scheunen«), anderen zu modern (kalt »wie Beton«). Als der aus Österreich gebürtige Architekt Manfred Kovatsch seinen Entwurf eines Ferienhauses der zuständigen Genehmigungsbehörde vorlegte, lehnte sie ihn ab, »als schiach und nicht der Landschaft angepaßt«. Erst der höchste Baubeamte Kärntens, ein offenbar sensibler Kopf, applaudierte. Er hatte offensichtlich begriffen, daß ein Haus dieser Landschaft kaum intelligenter angepaßt werden kann als dieses. In seiner Umgebung, sagt der Architekt, gebe es ein paar alte Bauernhöfe, »deren ›Anpassung‹ an die Landschaft für den Entwurf Pate gestanden haben«. Er tut das Wort »Anpassung« in Anführungsstriche, weil er weiß, daß die Alten ihre Stadelbauten keineswegs zurückhaltend ins Gelände gestellt haben – angepaßt hat sie erst die Zeit, das Wetter, das das Holz hat verwittern lassen: Einverleibung von Artefakten durch die Natur. Und so wird auch der anfangs leuchtende rötlichgelbe Ton der Lärchenholzbretter einmal silbergrau altern.

So also entstand, was der Amerikaner Charles Moore eine »Architektur mit einer Erinnerung« genannt hat: Sie nimmt Rücksicht auf die Umgebung, sie vertraut indes auf ihren eigenen Wert (»so daß sie nicht die Sünde begeht, sich selbst zu verlieren und somit das Selbst ihrer Bewohner herabzusetzen«), sie ist mit der Umgebung, der Landschaft, dem Grundstück verknüpft und macht nicht den Fehler, »sich zu isolieren und stumm zu werden«. Sie ahmt nichts nach, sie unterwirft sich nicht liebedienerisch irgendwelchen Vorbildern; sie hält sich an das Althergebrachte, aber legt es gänzlich neu aus – ein Haus, das keiner anderen Zeit entstammen kann als der unseren. Dieses Haus hat etwas von einem Geniestreich, und es gibt keines, das ihm an Leichtigkeit und Selbstbewußtsein, an ästhetischer Gelassenheit und Einfachheit, an Poesie, vor allem an dieser auf die Umgebung bezogenen Eleganz gleichkäme. Nichts Episches ist daran, es ist konzentriert wie ein Gedicht – wenngleich sein Verfasser nicht von Vollendung spricht, im Gegenteil. »Das Haus«, sagt er, »wird nie fertig sein, sondern immer mit den Bewohnern mitleben. Heute sieht es schon nicht mehr aus wie auf den (alten) Photos.«

Es steht in Kärnten, an einem Süd-
hang, gut 300 Meter über dem
Ossiacher See, ein Adlernest. Der
Blick reicht weit hinüber auf die
Karawanken und, dahinter mit oft
weißen Gipfeln, die Julischen
Alpen. Das Grundstück ist 30 Grad
steil, und natürlich war es, wie alle
schwierigen Bauplätze, eine Provo-
kation für den Architekten. Das
Skelett des Hauses besteht aus vier
Leitern, vier mit »Sprossen« ver-
bundenen Rahmen, die am Berg
nur zwei, zum Tal hin vier Stockwerke hoch aufragen. Sie sind längs
vor allem durch die Fußpfetten des
Daches miteinander verbunden.
Ihre Aussteifung – in sich und
gegen den Wind – erfahren sie
durch diagonale Verstrebungen und
durch die Geschoßdecken. Die
Konstruktion (mit durchgehenden
Stützen und Zangen aus massivem
Fichtenholz) ist so einfach, daß sie
nach drei Tagen stand, aufgerichtet
mit Stangen. Danach wurde das
Sparrendach, ein 45 Grad schräges,
vorn und hinten weit auskragendes
Satteldach, aufgesetzt und mit drei
Lagen glattkantiger Bretter
gedeckt, schließlich wurden die
Wände mit Profilbrettern verschalt.
Die Außenwände sind wie das
Dach aus Lärchenholz, innen aus
Fichtensperrholz.

Der Architekt berichtet: »Den
Zimmerleuten wurden das Modell
1 : 50 sowie ein Werkplan im selben
Maßstab vorgelegt. Außer den
wichtigsten Knotenausbildungen
wurden keine Details gezeichnet.
Die wesentlichen Entscheidungen
sind an Ort und Stelle zusammen
mit den Handwerkern getroffen
worden. Die Bauleitung wurde vom
Bauherrn, obwohl fachlich nicht
ausgebildet, selbst gemacht.« Es ist
der österreichische Objektkünstler
Cornelius Kolig, der das Ferienhaus
als Sommeratelier benutzt; seine
Frau wohnt auch gern hier. Es habe
genügt, sagt der Architekt, alle
zwei, drei Wochen vorbeizuschauen
und »im übrigen viel zu telephonie-

ren«. Gelassen wirft er ein, daß dies und das auch schiefgegangen sei, zum Beispiel habe es auf einmal Zangenholme gegeben, die gar nicht geplant, aber da waren – sie wurden einfach abgesägt.

Vieles hat der Bauherr ergänzt und hinzuerfunden im Innern, wie hätte er auch darauf verzichten können? So gibt es in diesem vertikalen Haus, in welchem dem Architekten das Kunststück gelang, es horizontal zu gliedern, nicht nur die räumlichen Überraschungen, die dem Entwerfer eingefallen sind, sondern andere, die in die Rubrik Einrichtung gehören. Alle Installationsleitungen, Wasser- und Abwasserrohre mit ihren Abzweigungen, Knien, Haupt- und Nebenhähnen, die elektrischen Leitungen blieben sichtbar (wie die ganze Konstruktion des Hauses, die man überall ablesen kann) und wurden obendrein wie Objekte behandelt: gestaltet. Hatte der Architekt den lustigen Einfall, die großen quadratischen Flügel der Glasschiebetür auf der Terrasse einfach seitlich über die Fassade hinausragen zu lassen, wenn sie geöffnet sind, so fand wiederum der Bauherr eine originelle Öffnungs- und Schließmethode für die kleinen quadratischen Fenster – die übrigens erst in die Wände eingesägt worden sind, nachdem der Architekt durch die Ritzen der äußeren Verschalung die aussichtsreichsten Positionen dafür ermittelt hatte. Der Bauherr entwarf und baute Tisch und Bänke, das Terrassengeländer und, witziger Höhepunkt der Objekt-Phantasie, auch die Plexiglas-Waschbecken über der im Boden eingelassenen Badewanne mitsamt den Plexi-Paravents der Wanne und der ganzen Wasserrohr- und Spiegelkomposition unterm Dach juchheh, also dort, wo geschlafen wird (und dies wiederum in Betten, die der Künstler entworfen hat). Im Wohnzimmer fällt ein aus Kanada kommender Ofen auf, originell wie eine

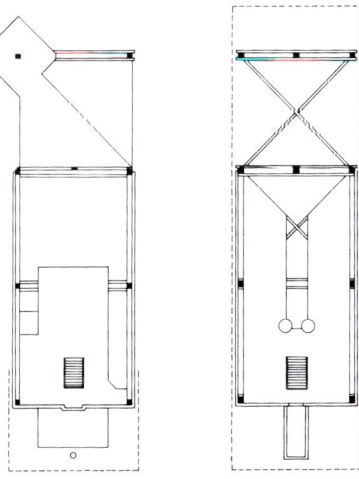

kompakte Skulptur: eine liegende gedrungene Zylinder-Schnecke mit fünf Warmluft-Auspuffrohren, schwarz. So klein, so wirksam: Die elektrische Heizung, heißt es, brauche nur selten angestellt zu werden. Dabei spielt auch das weit vorkragende Dach seine erwünschte Rolle: Es wirft im Sommer Schatten, die tiefsten, wenn die Sonne am höchsten steht; die flache Wintersonne hingegen bringt die Temperatur an klaren Tagen leicht auf 25 Grad.

Konstruktiv ist das Haus (zwischen den Rahmen) der Länge nach in drei Felder von 4,40 mal 4,40 Metern geteilt. Das Feld zum Tal hin bietet die Terrassen im Wohnzimmer und darunter (wohin außen eine Treppe hinabführt), die beiden Felder am Hang beherbergen das eigentliche Haus, und das bildet einen großen, an drei Seiten geschlossenen Raum, der im hinteren Teil drei Ebenen entwickelt. In der unteren, der Hauptebene, breitet sich das Wohnzimmer aus; eine seitliche Treppe entlang der Wand führt auf ein Galeriegeschoß, wo gekocht und gegessen wird; hinter dem Spültisch steigt eine steile Treppe hinauf ins Schlafdach. Seinen Clou aber hat das Haus auf der Terrasse vorm Wohnzimmer: Sie ist dreieckig und hat am Ende eine Laube wie eine Aussichtskanzel mit einem pyramidenartigen, plexiglasgedeckten Dach – es ist die Pointe dieses raffiniert scheinenden, einfach konstruierten, in die Landschaft einwachsenden Hauses.

Es war deswegen nicht teuer. Die Rechnung sieht so aus:
Fundamente, Senkgrube, Wasserleitung                etwa 20 000 DM
alle Holzarbeiten   etwa 50 000 DM
Heizungs-, Sanitärinstallationen
                etwa 20 000 DM
Wohnfläche      um 80 Quadratmeter
Terrassen       um 40 Quadratmeter
umbauter Raum um 250 Kubikmeter
Ein Baukunstwerk, und eines mit Witz. Es ist nicht übertragbar, aber nachdenkbar.

Mehr eine Haltung als ein Stil

Diese Häuser aus Holz sind, eins wie's andere, auch Antworten auf die unruhige Frage, in welche Richtung die Architektur der Gegenwart sich entwickeln werde – jetzt, da doch nicht wenige annehmen, der Ideenschatz der Moderne, wie sie im ersten Viertel unseres Jahrhunderts formuliert worden ist, sei geplündert, heruntergewirtschaftet, entstellt worden, verbraucht. Winkt ihr tatsächlich Erlösung unter dem Wimpel der Nach-, der »Postmoderne« mit all dem historischen Paillettengeklimper an den Fassaden, mit einem vulgarisierten Palladianismus, mit schickem Design von der Art, wie es von Automobilfabriken gepflegt wird, und mit der Empfehlung an die Architekten, sich an regionalistischen Ausdrucksformen zu bereichern? Oder entdecken uns alle diese Holzhäuser, daß es sich bei der Moderne, beim Neuen Bauen, gar nicht um einen Stil gehandelt hat, der irgendwann in einen anderen übergehen müsse, sondern vielmehr um eine *Haltung,* um eine Gesinnung? Mir scheint, es drückt sich in dieser Holzarchitektur – ihrer konstruktiven Vernunft, der Bescheidenheit der Mittel, der Poesie des Einfachen, der Mitarbeit ihrer Bewohner – die gleiche, wenigstens verwandte, nicht zuletzt eine humanitäre Haltung aus. Zwei der Holzhaus-Architekten dieses Buches legen mit ihren Erörterungen zur Architektur auf den folgenden drei Seiten diesen Gedanken jedenfalls nahe.

**Über die Architektur und die Konstruktion**
Thomas Herzog

Für die Art, heute zu bauen, ist dies maßgeblich:
Daß wir meinen, Musik zu machen, indem wir auf der Klaviatur eines Pianos wie fröhliche Betrunkene, gleichwohl wie musikalische Ignoranten herumschlagen. Daß wir, ununterbrochen abgelenkt, nicht bereit sind, eine kompositorische Logik aufzubauen, die nicht nur im Bereich der Semantik läge und ihre Merkmale dort hätte, wo jeder empfindsame Laie über Form, Farbe und Proportion zu sprechen imstande wäre (statt daß wir uns auf unsere – auch strukturell – viel weiterreichende Verantwortung als Baumeister besännen). Daß wir es vernachlässigen, das Merkmal der Materialisierung als kompositorische Größe sichtbar zu machen. Daß wir die Ingenieurleistung . . . zu einer Hilfsdisziplin degradieren, anstatt sie in ihren syntaktisch-produktiven Vorgaben bewußt mit einzubeziehen . . . Bei Häusern muß es darum gehen, technische Sachverhalte schön und sinnfällig zu machen. Nicht simpel. Nicht banal. Die Bewältigung der Aufgabe als artistische Leistung war von jeher das Salz in der Suppe. Brunelleschi war ein Meister des Raumes. Vor allem aber und als Voraussetzung hierzu war er ein genialer Konstrukteur und Technologe. Er war ein Meister der baulichen Syntax.
. . . Welches Mißverständnis heute die Lager trennt: Hier die einen, die . . . aus technologischen und ökonomischen Gründen, aus Gesichtspunkten des Bauablaufs, des Managements (soll ich auch noch sagen des Profits?) Schuld haben an der Zerstörung der Städte, die die Botschaft der Propheten des Industriezeitalters aufnahmen, mißbrauchten und nicht erfüllte Hoffnungen nährten; dort die anderen . . ., die wissen, daß es um mehr geht als um Technik und Geld, die wollen, daß Bewohner die Häuser selbst bauen unter Einbeziehung der wachsenden Freizeit

und um des Aspektes der »Aneignung« willen. Schließlich wieder andere, die international konzertiert zu historisierenden Eklektizisten werden und ein Welttheater der sprechenden Architektur etablieren wollen, wobei sie sich des Applauses gebildeter Intellektueller sicher sein dürfen. Architektur und Mode als Konsumgut, als etwas, das zu behandeln, zu kritisieren, zu goutieren ist wie Inszenierungen im Parkett von internationalen Theaterhäusern: Wollen sehen, was die nächste Spielzeit bringt.
Lösen wir so auch nur eines der Probleme des menschlichen Habitat auf dieser Erde? Wie sieht sie aus, die Architektur des Industriezeitalters? Unsere historische Verpflichtung liegt nicht in der Übernahme von Äußerlichkeiten – herausgerissen aus ihrem Entstehungszusammenhang. Sie liegt vielmehr darin, die Möglichkeiten der Materialisierung der eigenen Zeit wahrzunehmen und zu beherrschen. Alle Kraft müssen wir darauf konzentrieren zu verstehen, wie die Teile, mit denen wir hantieren, entstehen, wie wir sie koordinieren können, um daraus Gegenstände der Baukunst zu formen. Wie oft ist das schon gesagt worden, und wie selten ist es gelungen!
. . . Haben wir vergessen, daß das Geheimnis der historischen japanischen Architektur vor allem in der Komposition ihrer Einzelteile, in einem strengen, geometrischen System mit Hilfe von Bewegungsvorgängen liegt, die allein das Zustandekommen der von uns im Ergebnis bewunderten Bauwerke ermöglichten, daß es Holzverbindungen gibt, die den Namen von Zen-Meistern tragen?

Aus: Jahrbuch für Architektur 1983, Wiesbaden 1983, Seite 35

## Standpunkte

Cooperative Bau- und Planungsgesellschaft mbH Dornbirn (1979–1982): Dietmar Eberle, Wolfgang Juen, Markus Koch, Norbert Mittersteiner, Peter Raab

Architektur wird im wesentlichen bestimmt von ihrer gesellschaftlichen Dimension, von geschichtlichem Erbe, örtlichen Gegebenheiten, Verhältnismäßigkeit der Mittel, Konstruktion und Funktion. . . . Die Schwierigkeit liegt weniger darin, diese Punkte der Reihe nach zu erledigen und keinen zu vergessen oder sich im Gegenteil nur auf einige wenige zu konzentrieren; sie liegt darin, ihre Wechselwirkung zu berücksichtigen. Das Spezifische der Architektur ist die Verbindung unterschiedlicher, sich häufig widersprechender Aspekte. Das nur energiegerechte Haus ist ebensowenig das Ziel wie das nur funktionsgerechte; die Lösung, die nur konstruktiv »sauber« ist, befriedigt uns ebensowenig wie die nur darübergestülpte »gute« Form: Qualität entsteht durch Komplexität.

### Die gesellschaftliche Dimension der Architektur

*»Architektur ist eine soziale Manifestation und unlösbar verknüpft mit der jeweiligen sozialen Gesellschaftsstruktur«* (Hannes Meyer: Erziehung zum Architekten, in Bauen und Gesellschaft, *Dresden 1980). . . .*

Architekt zu sein verlangt aber nicht nur Wissen über die gesellschaftlichen Vorgänge, sondern und vor allem, dazu Stellung zu nehmen. Oft sind unsere Kollegen geradezu stolz darauf, vieler Herren Diener zu sein. Wir meinen, daß Architektur, auf derart opportunistische Weise betrieben, nicht von hoher Qualität sein kann.

Es ist nötig, daß der Architekt seine Bauaufgabe klar und genau analysiert und nach seinen Erkenntnissen handelt. Dazu gehört für uns, daß wir nur das bauen, was wir ideologisch für vertretbar halten: Bauen für den weniger privilegierten Teil der Bevölkerung, Bauen für eine »andere« Zukunft. Der Architekt sollte viel öfter »nein«

sagen! Deshalb bemühen wir uns auch darum, daß uns zumindest große Teile der Bevölkerung verstehen. Die Forderung nach einer verständlichen »Sprache der Architektur« soll aber nicht bedeuten, »den Leuten nach dem Mund zu reden«.

Es ist der Zweck jeder herrschenden Ideologie, die bestehenden Machtverhältnisse zu legitimieren und abzusichern. Nur: heute existiert keine herrschende positive Ideologie mehr. Inhalte werden meist nicht mehr so dargestellt, wie sie wirklich sind. Man verkleidet sie (im wahrsten Sinne des Wortes) mit irgendwelchen äußeren Formen. Architektur wird zu einer Frage der Warenästhetik. Es tanzt der »Wolf im Schafspelz«.

Insbesondere im Bereich der »aufwendigen« Architektur zeigt sich die andere Möglichkeit, die realen Verhältnisse zu verschleiern: Offen zur Schau gestellter formaler Zynismus, Präpotenz und Kaltschnäuzigkeit. Gerade die modische Architektur der internationalen »bunten« Architekturzeitschriften pflegt dieses Image. . . . Der Architekt wird zum Dekorateur der herrschenden Machtverhältnisse.

*»Wir sind uns hoffentlich einig, daß die vielgepriesene Muse der Architektur, die Mutter aller Künste, keine Prostituierte ist«* (Hannes Meyer, *op. cit.*).

### Das Erbe der Geschichte nutzen

Es gibt in der Architektur nichts Wesentliches mehr zu erfinden. Alles ist schon einmal dagewesen, verwendet worden. Die Aufgabe heute lautet, das bereits Vorhandene, aber meist Mißverstandene oder nur oberflächlich Verstandene oder gar Vergessene wieder zu erfassen und zu verstehen. Dieses Lernen aus der Kulturgeschichte ist wesentlich für den Architekten. Der Schlüssel zum Verständnis vergangener Architektur ist die Analyse

der Rahmenbedingungen: der geschichtliche Kontext, die Organisation des Bauablaufes, die Baustoffe, Bauweisen und -techniken – hierin liegen die tieferen Gründe für eine bestimmte Form. Rein formale Analyse, schlechtes Kopieren oder gar blindes Übernehmen historischer Versatzstücke lehnen wir ab.

Dabei stoßen wir auf die Schwierigkeit, angesichts der Fülle des Materials, das zu untersuchen sich lohnen würde, eine Auswahl treffen zu müssen. Wir konzentrieren uns auf das Einfache, Klare, Klassische, Konstruktive.

### Der Ort, an dem das Bauwerk errichtet wird

Positiv finden wir »Regionalismus«, wenn man darunter versteht, daß man aus der Geschichte einer konkreten Region lernt (im Sinne des obigen Punktes). Gegenstand des Lernens sind nicht nur die Bauten der ehemals Herrschenden, die oft die »Kunstgeschichte« ausmachen, sondern vor allem auch die Bauten und Traditionen der unteren Klassen. So kann man aus einem alten Bauernhaus oft mehr lernen für die Gestaltung eines heutigen Bauwerkes als aus einer Barockkirche (Einfachheit, Konstruktion und Organisation, Berücksichtigung der klimatischen Bedingungen). . . . Es ist lächerlich, daß heutzutage alles »Alte« für positiv und nachahmenswert gehalten wird. Entscheidend ist es, zu wählen und zu werten. Es gibt auch reaktionäre Traditionen. . . . (Wir möchten) uns daher dagegen verwahren, im Zuge der vorschnellen Einteilung in angeblich passende Schubladen unter dem Schild »Vorarlberger Regionalisten« gehandelt zu werden. Wir lehnen den kulturellen Isolationismus ab, der neuerdings in Mode zu kommen scheint. Da sich die gesellschaftlichen und kulturellen Verhältnisse der hochzivilisierten Länder immer mehr annähern, sind internationale Gemeinsamkeiten nicht zu leugnen. ... Da wir erschwinglich bauen wollen, wird das billige Bauen zu einer entscheidenden Frage der Architektur jenseits aller architektonischen Freiheiten. Die Frage der Herstellung eines Elementes ist auch für seine ästhetische Ausbildung von großer Bedeutung. Die möglichst einfache, sinnvolle Produktion eines Bauteiles beeinflußt unsere Entwurfsentscheidungen oft mehr als die Form ...

## Funktion – Nutzwert der Architektur

Architektur besitzt Nutzwert ... Die Funktion ist jedoch nur der Anlaß, etwas zu bauen. Nicht mehr, nicht weniger. Als Gestaltungsmittel hat die Funktion jedoch wenig Bedeutung. Den historischen Beweis hierzu liefern unzählige Bauwerke, die im Laufe der Jahrhunderte sehr verschiedenen Nutzungen unterworfen wurden und sie alle doch mehr oder minder erfüllten.

## Partizipation und gemeinschaftliche Arbeit

Architektur ist als Prozeß zu betrachten. Ein Bauwerk benötigt längere Zeit, bis es bezogen wird, anschließend wird es lebenslang verändert und adaptiert – »fertig« ist es am Tag seiner Zerstörung. Dem Architekten fällt die wichtige Aufgabe zu, diesen Prozeß (insbesondere den Bauprozeß) zu organisieren, zu steuern, ihn ständig vorwärts zu treiben. Es ist falsch zu glauben, man könne mittels eines einmaligen genialen Entwurfes sich aller Verantwortung bzw. Arbeit entledigen. Architektur ist keine spontane Schöpfung: Die Definition eines Endproduktes ist nicht möglich.

In diesem Zusammenhang muß auf die Notwendigkeit eines partizipatorischen Vorgehens beim Entwerfen hingewiesen werden. Partizipation ist eine Selbstverständlichkeit, die jedoch den Architekten nicht von seiner Verantwortung entbindet. Eine Ästhetik der Partizipationsarchitektur existiert nicht.

Der Beruf des Architekten ist einer, bei dem man sein Hirn benutzen und weniger auf sein Gefühl (oder gar sein Genie) setzen sollte.

## Konstruktion

Im Rahmen der Begriffe Konstruktion, Material und Funktion ist die Konstruktion das wichtigste Mittel, um ein Bauwerk zu realisieren. ... Die Konstruktion als primäres Gerippe drängt zur Typisierung – alles andere wäre unmotiviert. Es entsteht eine Struktur, die in der Gestaltung zum Vorschein kommt. Durch die Hierarchie von Primär- und Sekundärkonstruktion, von Gerüst und Füllung bzw. von Tragen und Lasten werden weitere wesentliche gestalterische Festlegungen getroffen.

*»Jede Bauform ist aus der Konstruktion entstanden und sukzessive zur Kunstform geworden«* (Otto Wagner: Die Baukunst unserer Zeit, *Wien 1898*).

»Wohnregal« von Peter Stürzebecher, Kjell Nylund, Christof Puttfarken. Experimentelles Selbstbauprojekt im Rahmen der Internationalen Bauausstellung Berlin (IBA), 1982–1984.

# Nachwort

## Und wie weiter?
## Vom Haus zur Häusergruppe, vom Lande in die Stadt

Es ist überhaupt keine Frage, daß viele Architekten (und nicht die schlechtesten) von Unsicherheitsgefühlen bedrängt sind und Zweifel haben (nicht erst durch den Wirbel um das wirkliche oder vermeintliche, von den einen erhoffte, von den anderen befürchtete Ende der Moderne): Wie also geht's jetzt weiter, da offensichtlich so viele gute Vorsätze verschlissen worden sind? Womöglich in welchem Stil?

Wie die Beispiele dieses Buches vor Augen führen, geht es den Architekten, die einen klaren Kopf behalten haben, gar nicht um die verzweifelte Suche nach irgendeinem dafür gehaltenen neuen »Baustil«, sondern um das, was die Moderne in Wirklichkeit darzustellen versucht hatte: eine neue Haltung. Damals wie jetzt drückt sie sich überraschend selbstverständlich und zuversichtlich in moralisch-ästhetischen Begriffen wie Bescheidenheit (der materiellen Ansprüche), Mitarbeit (der Bauherren und Bewohner), Sparsamkeit (der Mittel), schöner Gebrauchstüchtigkeit (respektive gebrauchstüchtiger Schönheit, also: guter Architektur) aus. Man spürt deutlich die gesellschaftliche Verantwortung. Gegenstand dieser Architekten ist zwar das immer beliebte, prinzipiell gerechtfertigte, menschenfreundliche Einfamilienhaus, aber durchweg im Zusammenhang mit seiner unmittelbaren Umgebung. Da es, wenn es frei steht, Platz vergeudet, richtet sich die Aufmerksamkeit immer mehr der Häusergruppe zu, wenn nicht sogar der intelligent konzipierten Siedlung: »Daß innerhalb von drei Jahrzehnten nach dem Zweiten Weltkrieg (allein) in Vorarlberg mehr Häuser gebaut wurden als 1945 bestanden«, hatte, wie überraschend, die Hypothekenbank dieses österreichischen Bundeslandes dazu bewegt, die überzeugendsten »Beispiele verdichteter Bauweise« in einer Broschüre zu versammeln.

Obwohl das gereihte oder gruppierte Einfamilienhaus, wie Friedrich Achleitner darin schreibt, »in seinen Elementen ein ökonomisches Prinzip darstellt, ist es lange nicht mehr der ›arme Verwandte‹ des freistehenden Einfamilienhauses, sondern eher der klügere, weitblickendere, der den gesellschaftlichen Entwicklungen entsprechendere«. Es sei kein Zufall, daß die Lehre des großen alten Wiener Architekten Roland Rainer, der das Prinzip nicht nur gepredigt, sondern überzeugend angewandt hat, »gerade in Vorarlberg auf den fruchtbarsten Boden fiel und auch seine vitalste und freieste Weiterentwicklung erfuhr«. Teils liege das an der Tradition des familiären Hausbaus in diesem Gebiet, teils an der »alten Kultur des Holzbaus«, aber auch am »Mut zu neuen Formen des Zusammenlebens und des kooperativen Bauens«.

Das ist das Wichtige, wenngleich es immer ein Risiko ist, dicht beieinander zu wohnen: Man liebt sich, man verkracht sich, man versammelt sich, man geht sich aus dem Wege. Kinder, von jeher Künstler im Knüpfen nachbarlicher Netze, ziehen eines Tages aus, Nachbarn wechseln, das soziale Gefüge, das sich in vielen Jahren zurechtgerüttelt hat, kommt aus der Balance, Zeiten neuer unwägbarer Gewöhnung beginnen. Schon eine Generation später kann es sein, daß niemand mehr »den Geist« empfindet, den der Architekt einer Häusergruppe, einem Quartiers, einer Siedlung eingepflanzt zu haben hoffte. Die Chance aber bleibt, und um nichts anderes geht es Architekten, wenn sie Einfamilienhäuser zu vieren, sechsen oder zwölfen oder auf neuartige Weise zu Siedlungen versammeln. Sie können das Miteinander von Menschen nicht bauen – aber sie können es möglich machen, nach Kräften sogar stimulieren.

In Höchst, in Hörbranz, in Sulz im Wienerwald haben es die Österreicher vorgemacht, am Ortsrand von Hannover ist eine große Holzhäusersiedlung unter Mitarbeit ihrer Bauherren entstanden, ohne daß dabei auch nur auf einen Vorteil, den das Einfamilienhaus verspricht, hat verzichtet werden müssen – es sei denn, es würde als Verlust empfunden, sein Haus nicht rings umschreiten zu können. Abgesehen davon ließen sich sogar neue Vorteile ausmachen: Das Mitplanen und das Mitbauen haben Fähigkeiten geweckt und gefördert, die für die Freizeit- (oder die Arbeitslosen-) Gesellschaft von fast existentieller Bedeutung sein können. Gemeint sind handwerkliche Fertigkeiten (und handwerkliche Urteilsfähigkeit), gemeinschaftliches Denken, eine sonst ungewohnt intensive Identifizierung mit der Wohnung, ihrer Umgebung, ja der Kommune, nicht zuletzt auch dies: politische Wachheit.

In Berlin sind Architekten noch einen Schritt weiter gegangen und haben scheinbar ein Paradoxon gewagt: mit zwölf ein- und zweistöckigen Einfamilienhäusern in Gestalt eines Etagenhauses, das eine Baulücke in der dicht besiedelten Stadt füllt, genauer: in der Luisenstadt im Berliner Bezirk Kreuzberg, die durch die zerstörerische Sanierungspolitik zweier Jahrzehnte schon aus der Balance geworfen war. Den ungewöhnlichen Einfall hatten der Architekt Peter Stürzebecher und seine Kollegen Kjell Nylund und Christof Puttfarken. Sie hatten freilich auch die Courage und die Geduld, das Projekt durchzufechten. Vor allem ist es ihnen gelungen, auch die Institution zu gewinnen, die mit der Vorbereitung der Internationalen Bauausstellung Berlin 1987 (der IBA) befaßt ist. Sie wurde zum wichtigen Promoter.

Voraussetzung für dieses Einfamilienhausprojekt in einem mehrgeschossigen »Wohnregal« waren nicht nur genügend Interessenten, sondern auch ihr Zusammenschluß in einer »Selbstbaugenossenschaft e. G.«, der ersten Neubaugenossenschaft, die seit Kriegsende in Berlin gegründet worden ist. Sie ist Bauherr und Eigentümer.

Die Architekten nennen vier Effekte, die dieser ungewöhnlichen Prozedur innewohnen:

den Spareffekt (denn die – durchweg unbemittelten – Bewohner wußten, welche monatlichen Belastungen sie sich zumuten können);

den Lerneffekt (denn das Selberbauen lehrt sie, Änderungen, Umbauten und Reparaturen allein zu erledigen, zu beurteilen und zu kontrollieren);

den Kommunikationseffekt (denn vieles führt sie zusammen, das Mitplanen, das Selberbauen, das gemeinsame Organisieren, auch das Schuldenmachen);

den Zufriedenheitseffekt (denn alles dies und die rasch sichtbaren Erfolge wecken Gemeinsamkeitsgefühle und Stolz).

Zuerst wurde das Wohnregal aus Stahlbeton errichtet, das tatsächlich eben dies ist: ein Regal. Es enthält das Treppenhaus, den Fahrstuhl, die vertikalen Installationsleitungen; zugleich waren darin Vorkehrungen für den zweigeschossigen Ausbau einiger Regalfächer getroffen. Beteiligt sind an diesem Häuserhaus erstens Bauarbeiter (die alle Arbeiten verrichten, welche handwerkliche Professionalität erfordern, das Aufstellen des Stahlbetonregals aus vorgefertigten Teilen wie das Errichten der Holzkonstruktion in den Fächern), zweitens die Bewohner (die Bauherren, die beim Ausbau Hand anlegen: Es ist ein nicht kleiner Teil ihres Eigenkapitals), drittens die Architekten (welche die Bauführung haben, die Handwerker beaufsichtigen, die Selbstbauer anleiten, diese beraten, organisieren, korrigieren und nicht selten mit zupacken, »so daß die

Regeln der Bauordnung und die Regeln der Baukunst eingehalten werden«). Neu an alledem ist vor allem die vielfältige Rolle der Architekten. Sie sind nicht nur die Entwerfer am Reißbrett, die Ausschreibungen versendenden Kalkulatoren, die Beobachter auf der Baustelle, sie sind viel mehr: Berater, Anstifter, Schlichter und Tröster. Sie ermutigen, zeigen, kontrollieren, geben stetig Rat, richten empfindsame Seelen auf.

Finanziert wird dieser neuartige Einfamilienhausbau nach den Regeln des sozialen Wohnungsbaus. Es gab Geld von der Wohnungsbaukreditanstalt, und da es sich um das erste Projekt dieser Art handelt, auch aus einem Bundesforschungsprogramm für den experimentellen Wohnungs- und Städtebau. Jeder Genosse hatte ein Eigenkapital von 120 Mark je Quadratmeter aufzubringen; Gegengabe sind langfristige Nutzungsverträge. Und wer Schwierigkeiten hatte, soviel Geld zusammenzubringen, fand Hilfe in Gestalt optimistischer Bürgen (welche, was Wunder, wiederum Architekten waren, denen der Beweis wichtig ist, daß es anders als gewöhnlich geht).

Das insgesamt sieben Stockwerke hohe Gebäude besteht aus fünf großen und drei kleinen Maisonnettewohnungen sowie aus drei Zwei- und einer Dreizimmerwohnung neben- und übereinander, zusammen zwölf auf einem Regal aus Betondecken gestapelte Einfamilienhäuser aus Holz. Man liest das auch an der Fassade ab, wenngleich die Architekten ihr die eigentliche Fassade noch davorgesetzt haben: ein stählernes Rankgerüst, das, wer will, in sein Haus einbeziehen darf: als eine mit Markisen geschützte Loggia, als einen verglasten Wintergarten oder als Erweiterung der Wohnung. Auf dem Dach gibt es ein Glashaus für alle. Zur Konzeption gehört aber auch Variabilität. Nicht nur die

Grundrisse lassen sich anders anordnen und neuen familiären Situationen anpassen, es können sogar Wohnungen (Häuser) untereinander neu kombiniert werden, zum Beispiel mit gemeinsamen Küchen, Wohn- und Kinderbereichen, desgleichen Hof, Dach und Terrassen. Wer wollte daran zweifeln, daß sich in Berlin-Kreuzberg, Admiralstraße 16, eine neue, sehr direkt an die Bewohner gerichtete Perspektive der Architektur eröffnet?

Man könnte meinen, diese Denkweise sei Fingerzeig genug. Doch jetzt, da die alten, im ersten Viertel unseres Jahrhunderts formulierten und mit Leidenschaft erstrittenen Prinzipien des Neuen Bauens von minderen Talenten längst banalisiert, von Finanziers ökonomisch verschlissen, von mißtrauischen Gesetzgebern und einfallslosen Behörden gelähmt, kurzum: ruiniert zu sein scheinen – nun hört man allerwege die Frage, welche Richtung die Architektur denn wohl nehmen werde.

Die einen jubeln, daß sie, vom »Diktat« befreit, endlich machen könnten, was ihnen paßt, daß es statt des einen »Internationalen Stils« dessen tausend geben werde. Freiheit? Anarchie? Viele dieser sich jetzt womöglich entfesselt – aber wohl auch ein bißchen hilflos – fühlenden Architekten versuchen, ihre Sprachlosigkeit mit dem abgestandenen Vokabular der lange verpönt (und zu Unrecht verteufelt) gewesenen Geschichte zu überwinden, eklektisch; nicht wenige wiederum halten Ausschau in der Provinz und gebärden sich irgendwie regionalistisch.

Die anderen hingegen versuchen, die ermüdete Gegenwartsarchitektur nicht mit Dekorations-Witzen und neuen konditorischen Verzierungen aufzuheitern, sondern fragen nach neuen Inhalten, einem neuen, der Zeit gemäßen Sinn. Sie bauen, bewußt oder nicht, sogar

wieder auf einen neuen Menschen mit anderen Lebensformen und hoffen, tapfer oder trotzig, auf eine neue Humanität – obwohl die Welt nicht danach beschaffen zu sein scheint: unzählige Menschen, die hungern, immer mehr, für die es keine bezahlte Arbeit mehr gibt, die Erde verseucht, die Luft dick, der Wald krank, und in den Arsenalen der Großmächte lagert (nukleare) Sprengkraft, die jetzt schon der von 6000 (»konventionellen«) Zweiten Wektkriegen entspricht.

Zynismus, wie sehr ihn die Umstände auch herauszufordern scheinen, ist indessen noch niemals von langer Dauer gewesen. Die Psyche des Menschen unterliegt einem Zwang zum Optimismus – zum Häuserbauen.

»Noch am Grabe«, dichtete Friedrich Schiller, »pflanzt er – die Hoffnung auf.« Im Herbst 1984 erst haben fünf Architektengruppen – darunter zwei, deren Holzhäuser hier zu sehen sind – ihre Zuversicht in einer gemeinsamen neuen Anstrengung ausgedrückt. Sie gründeten eine »Gesellschaft für soziales, ökologisches und wirtschaftliches Bauen« – nicht eine zur Propagierung irgendeines nachmodernen »Stils«.

**Literatur**

Allen, Gerald: Charles Moore, Stuttgart 1981

Arbeitsgemeinschaft Holz (Hg.): viele, oft detailgenaue Publikationen über Gebäude, Gebäudetypen, Konstruktions- und Produktionsverfahren mit Holz

Architektur des Unfertigen – Die Arbeiten von Susanne Ussing und Carsten Hoff, Düsseldorf 1982

Bescheiden bauen, Sonderdruck der db, Stuttgart 1984

Boericke, Art und Barry Shapiro: Handmade Houses, Darmstadt 1975

Cremer, Ulrich: Bauen als Erfahrung, München 1982

Ebert, Wolfgang M.: Home Sweet Dome, Frankfurt/M. 1978

Gemeinsam Bauen – Beispiel verdichteter Bauweise in Vorarlberg, Dornbirn o. J.

Gerner, Manfred: Fachwerk, Stuttgart 1979

Das große Buch vom Holz, München 1977

Grüne Häuser – Entwürfe für die Bundesgartenschau 1985 in Berlin, Berlin 1983

Hartmann, Monika, Wolfram Koblin und Roswitha Näbauer: selber & gemeinsam planen, bauen, wohnen, München 1978

Herzog, Thomas und Julius Natterer: Gebäudehüllen aus Glas und Holz, Düsseldorf 1984

IL 13, Institut für leichte Flächentragwerke (Hg.): Multihalle Mannheim, Stuttgart 1976

IL 16, Institut für leichte Flächentragwerke (Hg.): Internationaler

Jugendwettbewerb Natur und Bauen, Stuttgart 1979

Kiraly, Josef: Architektur mit der Sonne, Karlsruhe 1981

Kolb, Bernhard: Beispiel Biohaus, Karlsruhe 1984

Küttinger, Georg: Holzbau Konstruktion, München 1984

Maisons de Bois, Centre Georges Pompidou (Hg.), Paris 1979

Minke, Gernot und Gottfried Witter: Häuser mit grünem Pelz, Frankfurt/M. 1983

Natur und Bauen, Ausstellungskatalog Württembergischer Kunstverein, Stuttgart 1977

Peters, Paulhans und Ursula Henn: Einfamilienhäuser, München 1982

Ruske, Wolfgang: Holz im Außenbereich, Stuttgart 1978

Ruske, Wolfgang: Holzskelettbau, Stuttgart 1980

Schneider, Jürgen: Leben mit der Sonne, Frankfurt/M. 1983

Schwarz, Ulrich (Hg.): Grünes Bauen, Reinbek 1982

Scully, Vincent: The Shingle Style Today, New York 1974

Sulzer, Peter und Peter Hübner: Lernen durch Selberbauen, Karlsruhe 1983

Wilhelm, Johann: Architectura civilis – Holtz-Baukunst, Nürnberg 1668, Reprint Hannover 1977

Wittich, Ute: Hüttendorf, Frankfurt/M. 1981

Wright, David: Sonne, Natur, Architektur, Stuttgart 1980

**Bildnachweis**

Alle Fotos dieses Buches stammen von Timm Rautert, Essen, ausgenommen die Bebilderung des Vorworts, für die nebenstehend ein Bildnachweis folgt.

Die Umzeichnung der Pläne erfolgte durch Ursula Bunsen, Gräfelfing.

6 aus IL 26, Stuttgart 1979
7 aus Ute Wittich: Hüttendorf, Frankfurt/Main 1982
8 aus Jörg C. Kirschenmann: Wohnungsbau und öffentlicher Raum, Stuttgart 1984
  aus Meinhard von Gerkan: Architektur 1978–1983, Stuttgart 1983 Tim Rautert
9 Marie Blatter, Manfred Sack
10 Wolfgang Wiese
  Karsten de Riese
11 aus Pepi Merisio: Andrea Palladio, Zürich 1981
  Jürgen Hennicke (IL)
  Sigrid Neubert
12 Sigrid Neubert
13 Sigrid Neubert
  Werner Wirsing
  aus W. Boesiger: Richard Neutra, Zürich 1951
  aus Clemens Holzmeister, Wien 1982
15 Manfred Sack
16 Gerhard Ullmann
  Manfred Sack
17 Informationsdienst Holz
  aus Wolfgang Ruske: Holzskelettbau, Stuttgart 1980
  aus db, Nr. 6/1983
18 Manfred Sack
19 aus Baumeister, Nr. 7/1984
20 aus Baumeister, Nr. 1/1978
  aus Gerald Allen: Charles Moore, Stuttgart 1981
  aus a + u, September 1978
21 aus a + u, September 1978
  Falk Jaeger
  aus Baumeister, Nr. 7/1979
  Informationsdienst Holz
  aus Gerald Allen: Charles Moore, Stuttgart 1981
  aus Baumeister, Nr. 1/1978
23 Timm Rautert

**Architektenverzeichnis**

Auf den angegebenen Seiten sind
Bauten dargestellt von: